닮은 듯 다른 400가지
어휘 도감

아하, 그래서 이런 차이가 있구나!

제인 윌셔 글 | 리즈 케이 그림 | 한성희 옮김

그린북

지은이 **제인 윌셔**

영국의 어린이책 작가이자 편집자이다. 출판사에서 20년 넘게 일하면서 수많은 베스트셀러를 만들었다.
호기심 많은 어린이들이 쏟아 내는 질문에 답하기 위해 늘 즐겁게 자료를 조사하고 연구한다.
《마술 돋보기로 보는 신기한 인체 탐험》《놀라운 기계들》《과학자들은 하루 종일 어떤 일을 할까?》 등을 출간했다.

그린이 **리즈 케이**

영국 웨스트요크셔에 거주하는 일러스트레이터다. 《닮은 듯 다른 400가지 어휘 도감-아하, 그래서 이런 차이가 있구나!》에서
세련되고 현대적인 구성과 그림으로 책의 재미를 더했다.

옮긴이 **한성희**

텍사스 A&M 대학교 석사 과정에서 저널리즘을 전공했다. 현재 전문 번역 에이전시에서 전문 번역가로 활동 중이다.
그동안 《가짜 뉴스와 진짜 뉴스를 구별할 수 있어?》《우주에서 외계인을 찾는 과학적인 방법》《그림으로 보는 세계의 놀라운 건축물》
《하루살이에서 블랙홀까지, 대자연의 순환》《어마어마한 곤충의 모든 것》《요리조리 뜯어보는 기계의 구조와 원리》 외 다수를 번역했다.

닮은 듯 다른 400가지 어휘 도감
아하, 그래서 이런 차이가 있구나!

초판 1쇄 발행 2025년 6월 15일

지은이 제인 윌셔   **그린이** 리즈 케이   **옮긴이** 한성희
펴낸이 윤상열
기획편집 서영옥 최은영   **디자인** DESIGNPARK   **마케팅** 윤선미   **경영관리** 김미홍
펴낸곳 도서출판 그린북   **주소** 서울 마포구 방울내로11길 23 두영빌딩 3층
전화 02-323-8030~1   **팩스** 02-323-8797
이메일 gbook01@naver.com   **블로그** blog.naver.com/gbook01

What's the Actually Factually Difference?
© 2025 Quarto Publishing Plc
Text © Jane Wilsher 2025
Illustrations © Liz Kay 2025
First published in 2025 by words & pictures, an imprint of The Quarto Group.
All rights reserved.
Korean language edition © 2025 by GREENBOOK
The Korean translation rights arranged with The Quarto Group through EntersKorea Co., Ltd., Seoul, Korea.

이 책의 한국어판 저작권은 ㈜엔터스코리아를 통한 저작권자와 독점 계약으로 그린북이 소유합니다.
신저작권법에 의하여 한국 내에서 보호를 받는 저작물이므로 무단 전재 및 복제를 금합니다.

ISBN 978-89-5588-906-2 77840

• 도서출판 그린북은 미래의 나와 즐거운 세상을 만들어 가는 콘텐츠를 만듭니다.
• 도서출판 그린북은 독자 여러분의 소중한 의견과 원고를 기다립니다.
• 잘못 만들어진 책은 구입하신 곳에서 바꾸어 드립니다.

KC마크는 이 제품이 공통안전기준에 적합하였음을 의미합니다.
제조국: 대한민국   사용 연령: 6세 이상
책장에 손이 베이지 않게, 모서리에 다치지 않게 주의하세요.

이 책에는 무엇이 있을까요?

이 책에는 중요한 질문 하나에 대해 150개 이상의 다른 답이 담겨 있어요.
그 중요한 질문 하나는 바로 이것이에요.

"실제로 어떤 차이가 있을까요?"

아래에서 주제를 알아볼까요?

우주	6
과학	26
교통수단	28
우리 세계	30
친환경	50
식물	52
동물	54
누가 누구일까요?	74
진짜 헷갈리는 동물	76
직업과 취미	78
음식	80
신체	82
역사	94
다양한 주제	96
기술	98
낱말 풀이	108
찾아보기	110

이 책을 사용하는 방법은 무엇일까요?

닮은 듯 다른 사실로 가득한 세상에 오신 것을 환영합니다!

그게 실제로 사실이야?

닮은 듯 다른 사실을 담은 이 책은 실제 무슨 내용일까요? 예를 들어, 은하와 은하수, 소도시와 마을은 구별하기 어려워서 헷갈리기 쉬워요.

이 책은 여러 가지의 크고 작은 차이를 살펴봅니다.
종종 헷갈리는 것을 풀어 주죠.
각 장에서는 우주, 우리 세계, 신체, 동물, 기술 등
한 가지 주제를 살펴봅니다.
그리고 매번 똑같은 질문으로 시작하죠.

바로 "실제로 어떤 차이가 있을까요?"란 질문이에요.

…블랙홀과 웜홀은 실제로 어떤 차이가 있을까요?

17쪽을 읽어 보세요.

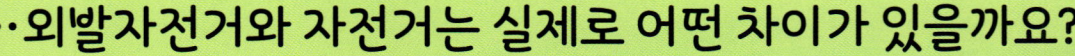

…외발자전거와 자전거는 실제로 어떤 차이가 있을까요?

28쪽을 읽어 보세요.

…속바지와 블루머는 실제로 어떤 차이가 있을까요?

94쪽을 읽어 보세요.

이 책은 어떻게 읽을까요?

방법은 여러 가지가 있어요. 그런데 어떻게 읽어도 다 괜찮아요.

… 이 책을 처음부터 끝까지 읽으면, 여러분은 곧바로 뭐든 다 아는 척척박사가 될 거예요!

… 좋아하는 주제나 새로운 주제를 찾아서 읽어도 되고요.

… 잠깐 살펴보면서 드문드문 읽어 볼 수도 있어요.

아니면 '사실 맞추기 놀이'를 해 보면 어떨까요?

- 친구와 번갈아 가며 사실 맞추기 문제를 묻고 답해 보세요.
- 가족 중에서 누가 사실 맞추기 우승자인지 알아보세요.
- 스스로 사실 맞추기 문제를 묻고 답해 보세요!

각 장에서 네가 가장 좋아하는 진짜 사실이 뭐야?

…대도시와 거대 도시는 실제로 어떤 차이가 있을까요?

33쪽을 읽어 보세요.

이 책에서 네가 꼽은 진짜 실제 사실 10가지는 뭐야?

…초와 젭토초는 실제로 어떤 차이가 있을까요?

104쪽을 읽어 보세요.

…크로커다일과 앨리게이터는 실제로 어떤 차이가 있을까요?

64쪽과 65쪽을 읽어 보세요.

실제로 어떤 차이가 있을까요?

우주

실제로 우주는 얼마나 클까요? 과학자들이 알아내려고 애썼지만, 아직은 잘 몰라요. 이번 장에서는 어마어마하게 크고 아주 놀라운 우주에 대해 알아봅니다.

세계와 우주

크게 시작해 봐요!

세계 World

세계는 바다 밑바닥에서 산꼭대기, 집에서 학교에 이르는, 지구상에 있는 모든 것을 말해요. 세계라는 말 안에는 한 사람 한 사람을 모두 포함해서, 하나도 빠짐없이 모든 생명체와 그들의 좋은 생각도 포함되죠.

우주 Universe

우주는 지구를 포함한 완전히 모든 것을 말해요. 어마어마하게 큰 우주를 한번 생각해 봐요. 우주에는 태양계와 그 너머에 있는 모든 행성과 별, 은하, 그리고 위성도 포함되어요. 게다가 우주는 우주에 있는 모든 에너지와 물질과 시간도 포함될 정도로 엄청나게 큽니다.

우주에는 세계가 얼마나 많이 들어갈까요?

우주가 너무나 크고 아직 정확히 잴 수 없어서 잘 몰라요. 하지만 태양에 지구가 약 1,300만 개 들어간다고 생각해 봐요. 게다가 태양은 우주에 있는 1,000,000,000,000,000,000,000,000개 별 중의 하나일 뿐이에요!

하늘과 대기

밖으로 나가서 위를 올려다봐요!

하늘 Sky

하늘은 여러분 머리 위에 있는 모든 공간이에요. 하늘은 우주를 다 포함해서 우리가 볼 수 있는 곳보다 훨씬 더 멀리 뻗어 있어요. 낮에는 하늘이 태양에서 온 빛을 지구 전체에 퍼뜨려 환해요. 밤에는 하늘이 어둡고 새까매 보이죠.

대기 atmosphere

대기는 하늘에서 지구에 가장 가까운 부분이에요. 지구를 둘러싼 두꺼운 이불이라고 생각해 봐요. 대기는 지구가 너무 덥지도, 너무 춥지도 않게 적당한 온도로 유지하게 해 주는 산소와 다른 기체로 이뤄졌어요.

우주선은 카르만 선과 대기 위로 날아갈 수 있어요.

여객기가 카르만 선 아래의 하늘을 날고 있어요.

카르만 선

100킬로미터

지구

우주는 하늘의 어디에서 시작할까요?

지구에서 100킬로미터 떨어진 곳에 카르만 선이라는 보이지 않는 선이 있어요. 카르만 선은 대기가 끝나고 우주가 시작하는 곳이에요. 지구에서 발사한 로켓은 약 2분 30초 만에 카르만 선을 쏙 지나가죠.

8

우주와 먼 우주 공간

영어 '스페이스(space)'는 '우주' 외에도 '공간'이란 뜻으로도 쓰여요.

별 근처는 몹시 춥거나 엄청 뜨거워요.

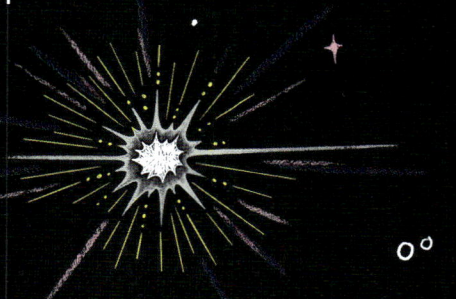

… 별 근처는 칠흑같이 새까맣거나 눈부시게 밝지요.

공간 Space

바로 지금, 이 책을 어디서 읽든지 간에 여러분은 공간과 공기로 둘러싸여 있어요. 공기로 가득한 넓은 공간인 하늘을 올려다볼 수도 있어요. 공간은 높이, 깊이, 너비의 3차원 구조로 되어 있어요.

공기가 없어서 목소리가 들리지 않아요.

아래로 끌어당길 중력이 없어서 제대로 몸을 유지할 수 없어요.

텅 빈 공간

산소가 많지 않아서 숨을 쉴 수가 없어요.

먼 우주 공간 Outer Space

일반적으로 과학자들이 행성과 별이 있는 우주에 대해 말할 때 쓰는 '우주와 먼 우주 공간'이란 말은 대기 위로 어두운 곳까지 멀리 쭉 뻗어 있는 영역이란 뜻이에요.

우주는 어떤 냄새가 날까요?

우주 비행사는 우주 냄새가 호두나 고기를 구울 때 나는 약한 탄 냄새와 비슷하다고 해요.

일출과 일몰

시계를 정확히 맞추세요! 일출과 일몰은 하루의 정확한 시간을 표현하는 말이에요.

지평선

일출 Sunrise

일출(해돋이)은 태양이 아침에 지평선 너머로 나타나기 시작하는 정확한 순간이에요.

매일 태양은 하늘 위로 올라와서 나타났다가 천천히 내려가서 사라져요. 믿기 힘들겠지만, 실제로 움직이는 것은 태양이 아니라 지구예요. 우리 행성인 지구는 항상 돌고 있거든요. 우리가 태양을 향한 쪽에 있으면 낮이고, 태양에서 천천히 멀어지면 밤이죠.

일몰 Sunset

일몰(해넘이)은 하루가 끝날 즈음에 태양이 지평선 밑으로 가라앉는 정확한 순간이에요.

지구가 한 바퀴 도는 동안 밤낮이 바뀌어요.

새벽 Dawn

새벽은 해가 뜨기 바로 직전의 시간이에요. 하늘에 빛이 아주 조금 있지만 아직은 태양을 볼 수가 없어요.

황혼 Dusk

황혼(땅거미, 해 질 녘)은 해가 지고 난 후의 시간이에요. 해가 졌어도 아직 완전히 깜깜하지는 않아요.

별과 태양

태양이 별이라니 놀랍지 않아요? 다시 말하지만, 태양은 별이랍니다.

별 Star

별은 뜨겁게 타오르는 기체로 가득한, 공처럼 둥글고 엄청나게 큰 천체입니다. 별은 많은 에너지를 방출해서 가스를 태우며 빛을 만들어요. 별은 아주 오랫동안 빛나죠. 우주에서 별은 물체의 중심이 됩니다. 행성과 우주 암석은 궤도를 따라 별 주위를 맴돌죠.

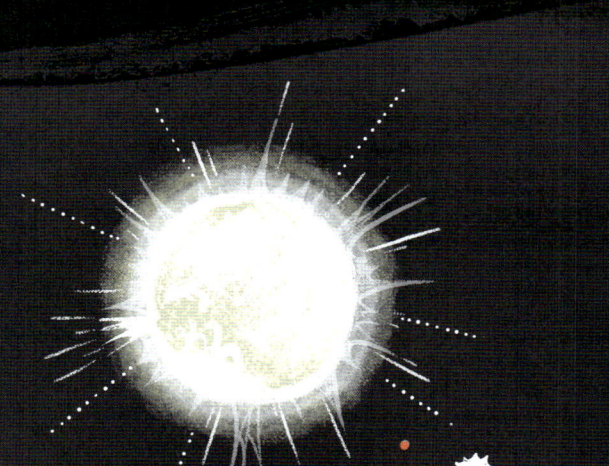

지구

태양

왜 태양은 다른 별보다 더 밝을까요? 왜냐하면 태양이 지구에 가장 가까우니까요. 태양은 태양계에 있는 유일한 별이거든요.

태양은 우리와 세상의 모든 생명체에게 살아가는 데 필요한 따뜻함과 빛을 주고 있어요.

태양 표면보다 더 뜨거운 것이 뭘까요? 번개예요. 태양 표면은 섭씨 5,500도이고, 번개는 섭씨 28,000도이거든요.

태양 The Sun

태양은 지구라는 행성의 별이에요. 지구는 태양계에 있는 다른 일곱 개의 행성처럼 태양 주위를 돌고 있어요.

어떻게 별이 반짝반짝 빛날까요?

별빛이 대기 중의 공기층을 지나갈 때 빛줄기가 휘어져서, 우리한테는 반짝반짝 빛나는 것처럼 보여요.

위성과 달

영어 'moon'은 위성과 달을 뜻해요.
지구에 하나밖에 없는 위성은 '달(The Moon)'이에요.

위성 moon

위성은 흔히 행성 주위를 돌아요. 우주에는 많은 위성이 있어요. 영어로는 '문(moon)'이라고 하죠.

태양계의 위성

다음은 태양계에 있는 몇몇 위성의 이름이에요.

화성 Mars
두 개의 위성인 포보스와 데이모스가 있어요.

목성 Jupiter
이오, 유로파, 가니메데, 칼리스토 등 95개의 위성이 있어요.

토성 Saturn
타이탄과 포이베를 비롯한 274개의 위성이 있어요.

천왕성 Uranus
아리엘과 움브리엘을 포함한 28개의 위성이 있어요.

해왕성 Neptune
트리톤을 포함한 16개의 위성이 있어요.

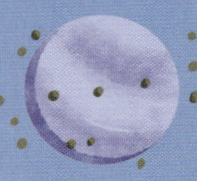

달 The Moon

달은 지구 주위를 돌아요. 영어로 표현할 때는 앞 글자를 대문자로 써서 Moon이라고 하는데, 이는 달이 우리만의 위성이라 특별하기 때문이죠!

달에는 누가 살고 있을까요?

아직은 생명체의 흔적이 없지만, 달에 누군가 살고 있을 거라는 이야기가 많아요. 한국과 일본과 중국에서는 달에 달 토끼가 살고 있다고 해요.

일식과 월식

마치 마법 같아요! 우주에서는 한 천체가 다른 천체를 가리면 빛을 막아서 천체 하나가 사라지는 것처럼 보여요. 아브라카다브라!

일식 Solar Eclipse

태양이 사라진 것처럼 보여요. 개기 일식은 달이 지구와 태양 사이에 와서 햇빛을 전부 가려 버리는 것을 말해요. 오직 태양 바깥쪽 대기인 코로나밖에 보이지 않아요. 지구는 어둡고 추워지죠.

솔라(solar)는 '태양에 관한 것'이란 뜻이에요.

월식 Lunar Eclipse

달이 사라진 것처럼 보여요. 개기 월식에서는 지구가 태양과 달 사이로 와서 달이 지구 그림자 안으로 들어오는 것을 말해요. 이때 달은 밝고 하얗게 보이지 않고, 굉장히 붉은색 빛을 내죠.

루나(lunar)는 '달에 관한 것'이란 뜻이에요.

일식 파티에 갈 건가요?

개기 일식은 아주 드물어서 사람들이 축제처럼 즐겨요! 파티에 가는 사람들은 태양을 안전하게 보려고 특수 안경을 끼죠.

행성과 외계 행성

우리는 지구라는 행성에 살고 있어요.

행성 Planet

행성은 암석이나 가스로 이뤄진 커다란 공처럼 생긴 천체로, 우리가 태양이라고 부르는 별 주위를 맴돌아요. 지구는 태양계를 구성하는 8개 행성 중 하나입니다.

태양계

외계 행성 Exoplanet

외계 행성은 태양계 밖의 별 주위를 도는 행성이에요. 외계 행성은 아주 멀리 떨어져 있어요.

왜행성이 뭘까요? 왜행성은 공식적으로는 완전한 행성이 아니에요. 왜행성도 태양 주위를 돌지만, 행성보다 작아요. 명왕성이 왜행성이에요.

왜행성

'PSR B1620-26b'가 뭐예요?

대부분 가스로 이뤄진, 엄청나게 오래된 외계 행성이에요. 이 외계 행성은 나이가 약 127억 년으로 지구보다 3배 정도 많아요.

태양계 행성

태양계에는 여러 종류의 행성이 있어요. 행성 하나하나가 서로 너무 달라요.

암석 행성
: 수성, 금성, 지구, 화성

거대 가스 행성
: 목성, 토성

거대 얼음 행성
: 천왕성, 해왕성

성운과 초신성

별빛, 빛나는 별 같은 표현은 별에 관한 말이에요!

성운 Nebula

성운은 커다란 구름 모양으로 우주의 가스와 먼지로 이뤄져 있어요. 시간이 지나면 성운은 중력으로 합쳐질 수 있어요. 그다음에 회전하고 융합한 후에 아기 별이 만들어지죠.

얼마나 밝을까요? 초신성은 너무 밝아서 우주 전체에서 볼 수 있어요.

얼마나 드물까요? 아마도 우리 은하에서는 100년마다 두세 개의 초신성이 있을 거예요. 그런데 우주 먼지와 가스 때문에 지구에서 보기 힘들어요.

초신성 Supernova

초신성은 별이 수명을 다할 때 엄청나게 크게 폭발하는 거예요.

가장 어린 별은 무슨 색일까요?

파란색이에요. 가장 뜨겁고 어린 별은 파란색이고, 가장 나이 많고 차가운 별은 빨간색이에요. 그 이유는 파란빛이 빨간빛보다 에너지를 많이 전달하기 때문이죠. 노란 별과 하얀 별은 그 중간 어딘가에 있어요.

은하와 은하수

은하는 거의 상상할 수조차 없을 정도로 엄청나게 커요!

은하 Galaxy

은하는 수십억 개의 별, 가스, 먼지가 모여서 중심 주위를 크게 소용돌이치는 거예요. 은하의 모든 천체(우주에 존재하는 모든 물체)는 서로 끌어당기는 강력한 힘인 중력으로 묶여 있어요.

나선 은하 / 타원 은하 / 특이 은하 / 불규칙 은하

은하는 나선형, 타원형, 특이형, 불규칙형 등 네 가지 특별한 모양이 있어요.

우주에는 적어도 1,000억 개의 은하가 있어요.

은하수 / 태양계 / 지구

은하수 The Milky way

은하수는 우리 은하입니다. 우리의 우주 위치를 알려 주는 주소 중 하나죠. 우리는 지구라는 행성에 살고 있는데, 지구는 태양계에 있고, 태양계는 은하수에 있거든요. 은하수와 그 안의 모든 것은 질량이 엄청나게 큰 블랙홀 주위를 돌고 있어요.

은하수 중심에 닿으려면 얼마나 걸릴까요?

닿기 어려워요! 전문가들도 의견이 다르지만, 지금까지 발명된 가장 빠른 우주선을 타고 여행한다면 어림잡아 약 4억 5천만 년이 걸릴 거예요!

블랙홀과 웜홀

조심하세요! 신중하게 접근하세요.

블랙홀 Black hole

블랙홀은 별이 죽을 때 만들어져요. 블랙홀은 주변의 중력이 너무 강해서 가까이 오는 것을 모두 빨아들여요. 빛도 빠져나갈 수 없으니까 조심하세요. 블랙홀은 보이지도 않아요! 블랙홀은 물질이 스스로 붕괴한 공간 영역이에요.

웜홀 Wormhole

웜홀은 우주에서 다른 시공간을 연결하는 터널이에요. 아직 아무도 웜홀을 발견하지 못했지만, 과학자들은 웜홀이 존재할 수 있다고 봐요. 과거와 미래로 가기 위해 멀리 떨어진 세계로 시간 여행을 한다고 상상해 봐요!

웜홀이 블랙홀에 빠질 수 있을까요?

글쎄요, 아마 그럴지도 몰라요! 만일 그렇다면 웜홀은 영원히 블랙홀에 있을 거예요. 왜냐하면 블랙홀에서는 어떤 것도 빠져나가지 못하니까요.

혜성과 소행성

태양 주위를 도는 우주 암석을 만나 볼까요?

혜성 Comet

혜성은 얼음, 돌가루, 가스로 이뤄졌어요. 먼지투성이의 엄청나게 빠른 눈덩이라고 생각하세요. 혜성은 태양에 가까이 다가가면, 얼음이 녹기 시작해서 가스와 먼지를 내보낸 후에 길고 흐릿한 꼬리가 생겨요.

소행성 Asteroid

소행성은 태양 주위를 도는 작은 우주 암석입니다. 소행성은 다른 물질은 없고, 돌로만 이뤄져 있어요. 수백만 개의 소행성 고리가 화성과 목성 궤도 사이에서 태양 주위를 돌아요. 이를 '소행성대'라고 해요.

소행성에 어떤 이름을 붙일 건가요?

새로운 소행성을 발견하면 이름을 붙일 수 있어요! 소행성은 유명한 배우, 음악가, 심지어 반려동물의 이름을 따서 지어졌어요.

유성과 운석

먼저 유성체를 알아볼까요? 곧바로 모두 쏙쏙 이해될 거예요.

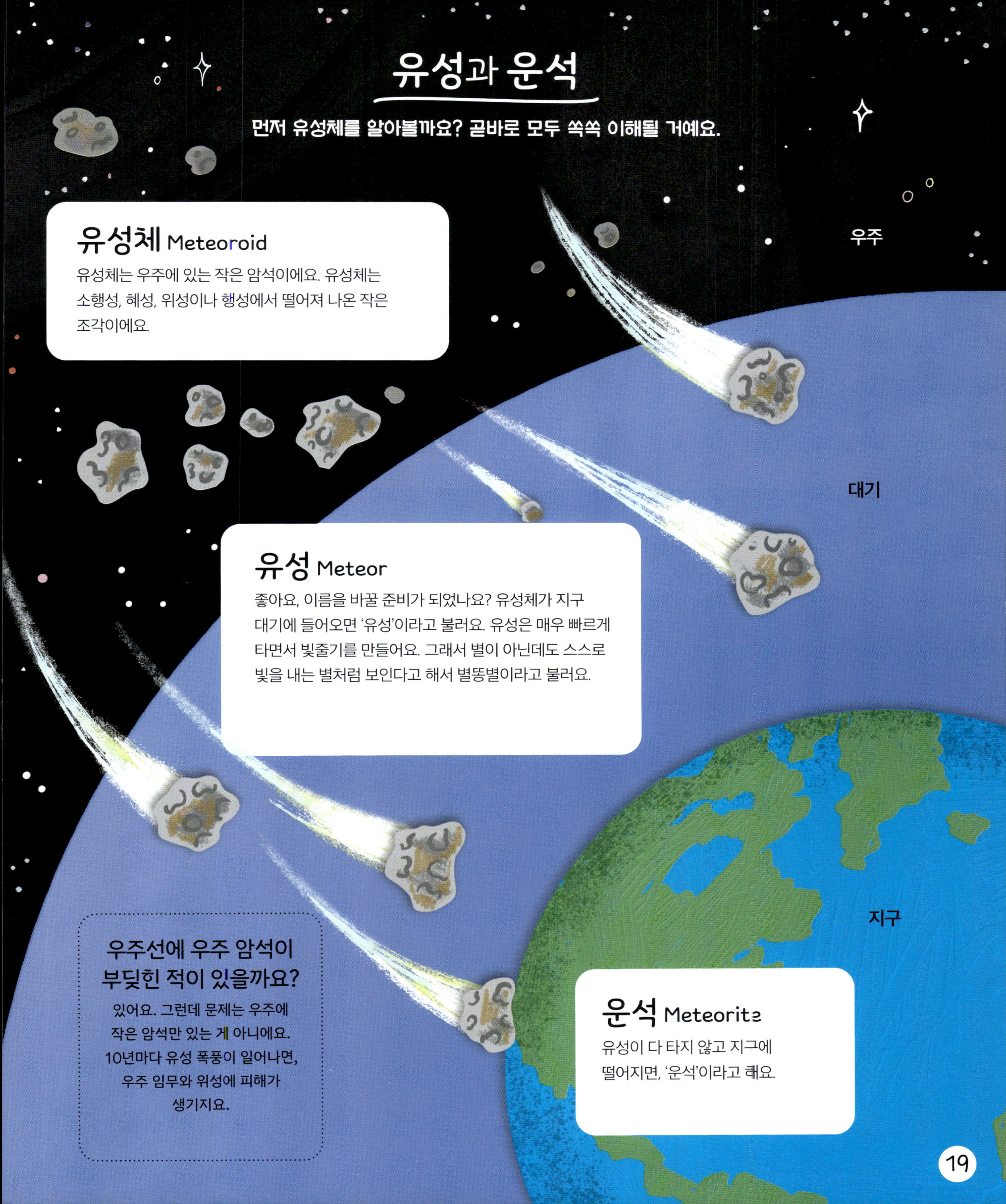

우주

유성체 Meteoroid

유성체는 우주에 있는 작은 암석이에요. 유성체는 소행성, 혜성, 위성이나 행성에서 떨어져 나온 작은 조각이에요.

대기

유성 Meteor

좋아요, 이름을 바꿀 준비가 되었나요? 유성체가 지구 대기에 들어오면 '유성'이라고 불러요. 유성은 매우 빠르게 타면서 빛줄기를 만들어요. 그래서 별이 아닌데도 스스로 빛을 내는 별처럼 보인다고 해서 별똥별이라고 불러요.

지구

우주선에 우주 암석이 부딪힌 적이 있을까요?

있어요. 그런데 문제는 우주에 작은 암석만 있는 게 아니에요. 10년마다 유성 폭풍이 일어나면, 우주 임무와 위성에 피해가 생기지요.

운석 Meteorite

유성이 다 타지 않고 지구에 떨어지면, '운석'이라고 해요.

19

우주 로켓과 우주 왕복선

우주 로켓과 우주 왕복선은 둘 다 우주를 여행해요.

우주 로켓
Space Rocket

로켓은 로켓 추진식 엔진으로 지구 대기에서 벗어나려고 충분한 동력을 냅니다. 흔히 로켓은 우주선을 우주에 발사하도록 도와주죠.

우주 왕복선
Space Shuttle

우주 왕복선은 다시 쓸 수 있는 최초의 우주선이었어요. 2011년에 운행이 중단되었죠.

- 로켓처럼 발사해서 비행기처럼 착륙했어요.

- 국제 우주 정거장을 지으려고 건설 장비를 실어 날랐어요.

- 우주 비행사가 통근 버스를 타듯이 국제 우주 정거장에 올라갔다 내려왔어요.

- 1969년에 새턴 V 로켓은 달에 최초의 우주 비행사가 착륙한 아폴로 11호를 발사했어요.

- 오늘날 로켓은 탐사선, 위성, 중장비를 우주로 운반해요.

우주선

우주 캡슐
승무원과 짐을 운반하는 우주선이에요.

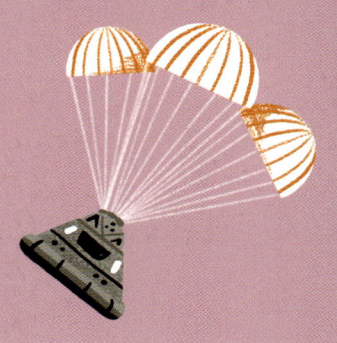

궤도선·인공위성
행성 주위를 도는 우주선. 많은 통신 인공위성이 지구 주위를 돌고 있어요.

국제 우주 정거장
지구 주위를 도는 연구소. 승무원이 그 안에서 지내요.

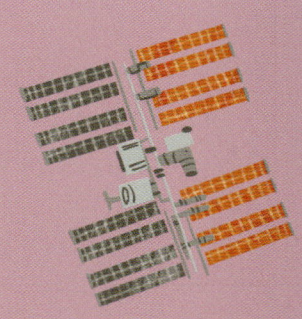

이륙과 착륙

"올라간 것은 반드시 내려온다!"란 말을 들어 본 적이 있나요?

이륙 Lift off
우주 비행 관제 센터에서 과학자 팀이 우주선을 지구에서 발사해 우주로 쏘아 올리려고 카운트다운(초읽기)을 지시해요.

착륙 Touch down
우주 비행 관제 센터는 쏘아 올린 우주선을 지구나 다른 행성이나 달에 다시 착륙하도록 안내해요.

착륙선
달이나 행성 표면에 착륙하는 우주선이에요.

우주 로버
달이나 행성을 탐사하는 로봇이에요.

우주 탐사선
우주를 탐사하려고 과학 장비를 갖춘 우주선이에요.

카운트다운에서 'T 마이너스'가 무슨 뜻일까요?

T가 시간(Time)이니까, T 마이너스는 '시간 빼기'란 뜻이에요. 즉, 발사나 착륙까지 남은 정확한 시간을 말해요. 'T 마이너스 10분'은 이륙까지 10분 남았으니까, 우주복을 입는 게 좋다는 뜻이에요!

탐사선과 인공위성

이 비행 물체들은 승무원이 탑승하지 않고 우주로 발사하는 우주선이에요.

탐사선 Probe

무인 우주 탐사선은 과학 정보를 모아서 지구로 다시 보내려고 우주로 빠르게 이동해요.

1977년에 발사한 보이저 1호는 태양계 너머로 이동해서 아직도 운행 중이에요. 보이저 1호는 인간이 만든 물체 중 지구에서 가장 멀리 떨어져 있어요.

보이저 1호

파커 태양 탐사선

파커 태양 탐사선은 태양 표면을 조사하고 있어요.

인공위성 Satellite

많은 인공위성은 지구 주위를 돌면서 정보를 다시 보내고 있어요. 어떤 인공위성은 우주 사진을 찍고, 어떤 인공위성은 날씨를 예측하거나 텔레비전, 전화, 컴퓨터에 신호를 보내 주지요.

인공위성

GPS가 무슨 뜻인가요?

GPS는 글로벌 포지셔닝 시스템(Global Positioning System, 위성 위치 확인 시스템)의 약자로, 길을 찾도록 도와주는 30개가 넘는 인공위성 시스템이에요. GPS는 네 개 이상의 위성으로 거리를 계산해서 지구에 물체가 어디에 있든지 정확한 위치를 알려 줍니다. 컴퓨터와 휴대 전화는 위성 항법 장치를 써요.

망원경과 현미경

이 기계 장치는 사물을 가까이에서 보도록 도와줍니다.

망원경 Telescope

망원경은 우주에서 멀리 떨어진 큰 물체를 더 크고 또렷하게 보이게 해 줘요. 망원경으로 달의 분화구, 토성의 고리나 먼 은하를 볼 수 있어요.

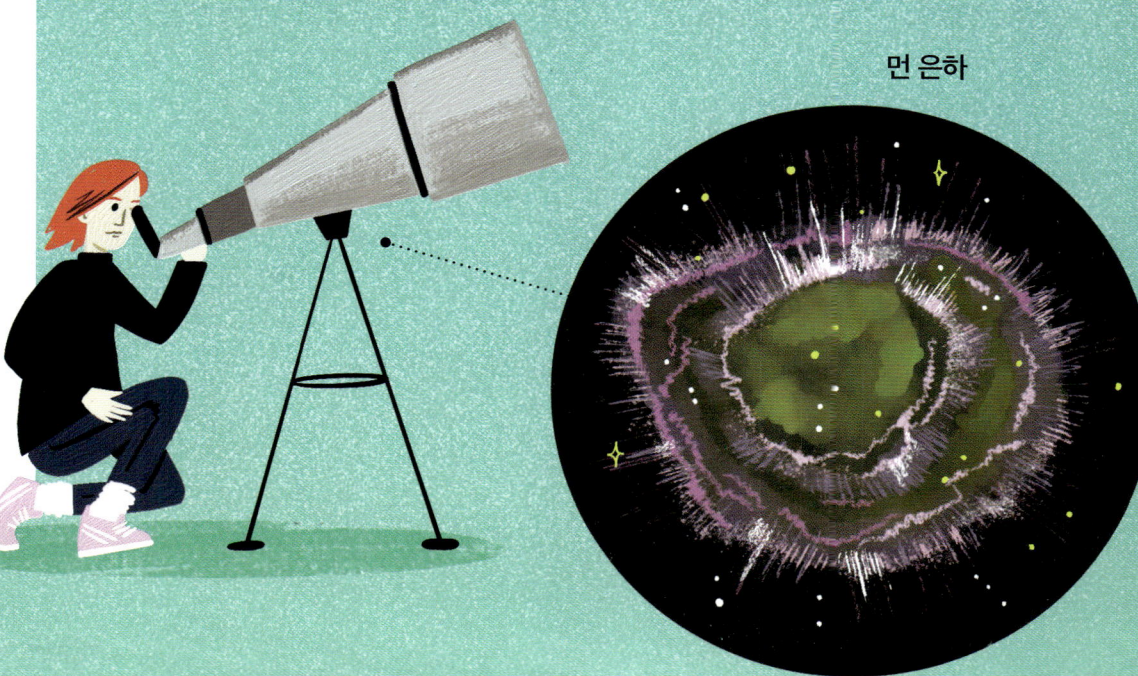

먼 은하

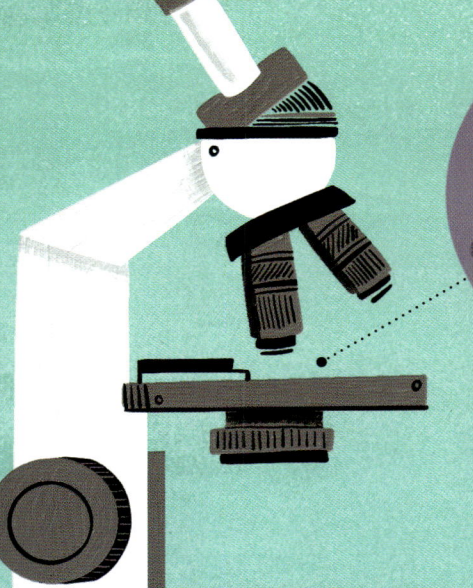

크기가 0.1~1밀리미터인 완보동물

최신 광학 현미경으로 머리카락 너비보다 약 200배 작은 것을 볼 수 있어요.

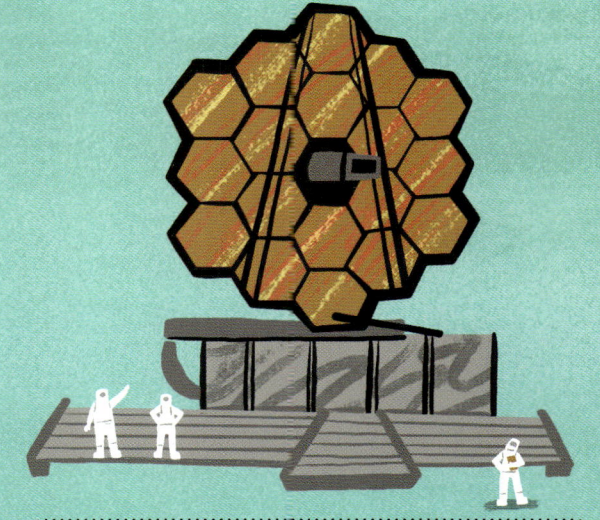

현미경 Microscope

현미경은 어마어마하게 작은 물체를 아주 크고 또렷하게 보여 줘요. 과학자들은 현미경을 이용해서 사람 눈으로 볼 수 없는 작은 물체를 연구해요.

웹 망원경이 무엇일까요?

웹 망원경은 아주 놀라워요! 웹 망원경은 테니스장 크기의 망원경으로 지구 주위를 돌면서 우주 사진을 찍어요. 지금까지 과학자들은 웹 망원경 덕분에 은하가 어떻게 움직이는지 더 많이 알아낼 수 있었어요.

암흑 에너지와 암흑 물질

과학자들은 우주가 암흑 에너지 70퍼센트, 암흑 물질 25퍼센트, 눈에 보이는 물질 5퍼센트 등 무시무시한 성분으로 이루어져 있다고 생각해요.

암흑 에너지 Dark Energy

우주는 텅 빈 것처럼 보이지만, 우주에는 우주 전체 공간을 모두 가득 채우는 암흑 에너지가 있어요. 암흑 에너지는 우주를 밀어내고 중력에 반하는 힘을 만들어요. 즉, 공간과 우주는 항상 팽창하거나 점점 커지고 있어요.

암흑 물질 Dark Matter

과학자들은 암흑 물질이 존재한다고 알고 있지만, 눈에 보이지 않아서 어떤 성분으로 이뤄져 있는지는 몰라요. 암흑 물질은 별처럼 빛을 내지 않아요. 달과 행성처럼 빛을 반사하지도 않고요. 과학자들은 정체불명의 암흑 물질이 은하 사이사이에서 그물처럼 쫙 퍼져 있을지도 모른다고 생각해요.

물질 Matter

물질은 생명체의 작은 구성 요소인 원자로 구성되어 있어요. 여러분은 원자로 구성되어 있고, 별과 달과 행성을 포함해서 우주의 모든 것도 원자로 구성되어 있어요.

과학자들은 암흑 물질의 비밀을 풀려고 노력하고 있나요?

과학자들은 가장 강력한 입자 가속기 기계 '대형 강입자 충돌기'로 암흑 물질과 암흑 에너지의 비밀을 알아내려고 노력하고 있어요.

플라네타륨과 천문대

세상에서 가장 멋진 쇼가 밤하늘에서 곧 시작합니다.

플라네타륨
Planetarium

팝콘이 옆에 있나요? 플라네타륨 극장에서 등을 기대고 반구형의 천장을 올려다보면, 별과 행성의 생생한 사진이 천장에 쫙 펼쳐져요. 플라네타륨은 별, 행성 등을 실내에서 재현해 보여 주는 곳이에요.

천문대
Observatory

천문대에서는 진짜 천체를 관측해요. 맑은 날 밤에 언덕 위에서 둥근 모양의 천문대가 조개처럼 딱 열리면 커다란 망원경이 움직여서 밤하늘을 가리켜요. 망원경은 멀리 있는 물체를 더 크고 아주 또렷하게 보여 줍니다.

지구에서 우주를 얼마만큼 볼 수 있을까요?

아주 적어요. 겨우 5퍼센트 밖에 볼 수 없거든요. 우주는 너무 커서 정신없을 정도예요. 우주는 점점 커지니까, 우리가 보면 볼수록 아직 보지 못한 것이 더 많아요.

과학

센티미터와 인치

1 cm = 0.393701 inch

센티미터(Centimeter) 는 미터법으로 측정하는 단위예요.

1 inch = 2.54 cm

인치(Inch) 는 야드·파운드법으로 측정하는 단위예요.

생물학과 식물학

나는 사람 몸과 생명체를 연구하지.

나는 식물을 연구해.

강아지와 닥스훈트

강아지(Dog) 는 비슷한 동물 무리를 부르는 이름이에요. 모든 강아지는 후각이 발달했고, 더우면 숨을 헐떡이고 뼈다귀를 아주 좋아하죠!

닥스훈트 (Dachshund) 는 강아지 품종 이름이에요. 닥스훈트 (소시지처럼 생긴 강아지)는 다리가 짧고 몸통이 길어요. 독일어로 '오소리 사냥개'란 뜻이에요.

너트와 볼트

발명가는 너트와 볼트로 발명품을 연결해요.

너트 (Nut) 는 가운데에 구멍이 있는 나사예요.

볼트(Bolt) 는 너트에 넣고 돌리는 긴 나사예요.

AI와 SF

AI 는 인공 지능(Artificial Intelligence)이란 뜻이에요.

AI 컴퓨터가 할 수 있는 일
- 수학 문제 풀기
- 의학적 치료법 찾기
- 무인 자동차 운전하기

SF 는 공상 과학 소설(Science Fiction)이란 뜻이에요.

SF 이야기에 포함되는 이야기
- 최신 과학
- 시간 여행
- 세상을 지배하는 AI 컴퓨터

공기와 산소

공기(Air) 에는 산소를 포함한 여러 기체가 섞여 있어요. 우리는 살려고 공기를 들이마셔요.

산소

산소(Oxygen) 는 오직 산소로만 이루어진 기체로, 순수한 화학 원소입니다.

물체는 어떻게 움직일까요? 과학은 세상의 모든 크기를 알아내려고 탐구해요.

원자와 분자

원자(Atom)는 모든 것을 구성하는 작은 구성 요소예요. 여러분은 수십억 개의 원자로 이뤄져 있으며, 초콜릿 과자도 원자로 이뤄져 있어요.

분자(Molecule)는 원자가 강한 결합으로 뭉칠 때 만들어져요. 원자보다 크지요.

기체, 고체, 액체

벽돌은 **고체(Solid)**입니다.

난 고체야. 모양이 있어.

난 액체라서 모양이 없어. 그래서 흘러가지.

난 떠다녀. 눈에 보이지도 않아. 많은 기체가 그래!

산소는 **기체(Gas)**입니다.

물은 **액체(Liquid)**입니다.

세포와 유기체

세포(Cell)는 생명체의 가장 작은 단위예요. 세포 하나는 아주 작아요. 세포를 보려면 현미경이 필요해요.

아메바는 세포가 하나 있어요.

유기체(Organism)는 세포로 이뤄진 생명체예요. 여러분은 모든 사람처럼 유기체입니다.

10살 아이는 세포가 약 17조 있어요.

높이, 너비, 길이

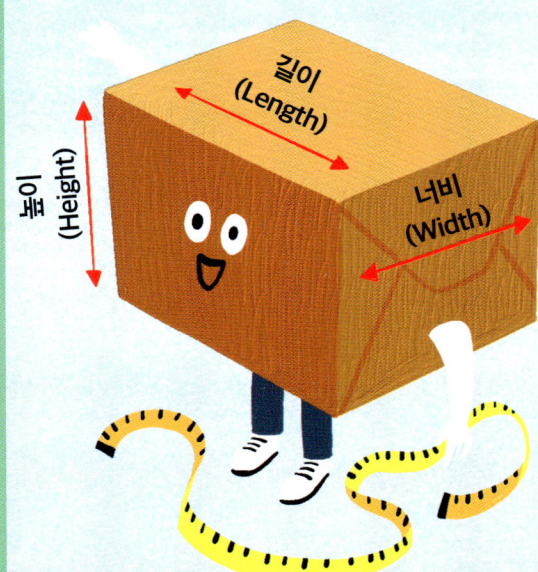

길이(Length)

너비(Width)

높이(Height)

유전자와 DNA

유전자(Genes)는 여러분을 만드는 설명서예요. 엄마 아빠한테 물려받은 유전자가 여러분한테 전달되죠.

유전자는 **디엔에이(DNA)**라는 화학 물질로 만들어져요.

교통수단

외발자전거와 자전거

외발자전거 (Unicycle)
- 큰 바퀴 하나 있음.
- 핸들 없음.
- 느리고 흔들림.

자전거 (Bicycle)
- 보통 기어가 있음.
- 바퀴 두 개 있음.
- 훨씬 빠름.

제트기와 프로펠러 비행기

제트기 (Jet plane)
- 큰 제트 엔진이 있음.
- 높이 날고 정말 빠름.

프로펠러 비행기 (Propeller plane)
- 프로펠러(회전 날개)를 사용함.
- 낮고 느리게 비행함.

돛단배와 모터보트

돛단배(Sailing boat)는 돛이 바람을 받아 움직여요.

모터보트(Powerboat)는 엔진으로 배가 앞으로 움직여요.

터보건과 썰매

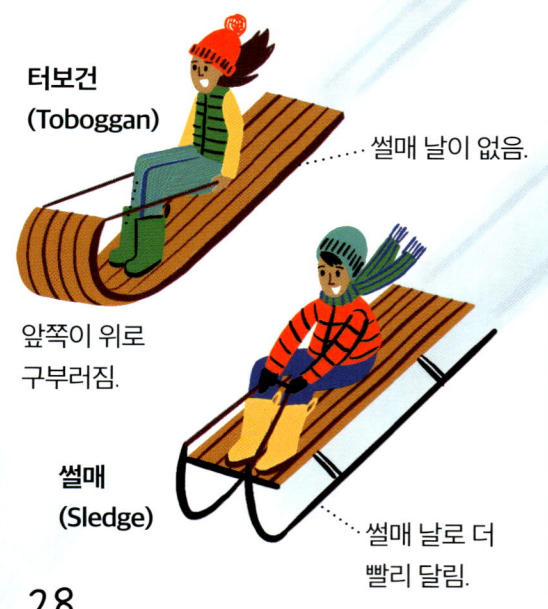

터보건 (Toboggan)
- 썰매 날이 없음.
- 앞쪽이 위로 구부러짐.

썰매 (Sledge)
- 썰매 날로 더 빨리 달림.

2인용 자전거와 세발자전거

2인용 자전거 (Tandem bicycle)
- 2명이 탐.
- 바퀴가 두 개 있음.

세발자전거(Tricycle)
- 한 명이 탐.
- 바퀴가 세 개 있음.

철도와 케이블카

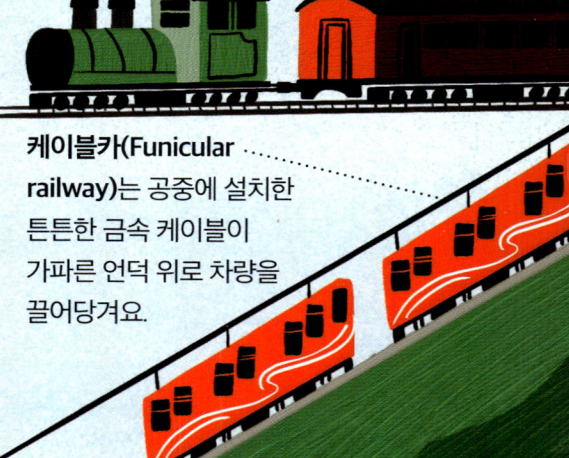

철도(Railway)는 차체 안에 있는 엔진이 차량을 이끌어요.

케이블카(Funicular railway)는 공중에 설치한 튼튼한 금속 케이블이 가파른 언덕 위로 차량을 끌어당겨요.

외발자전거나 열기구나 터보건을 타고 학교에 간다고 상상해 봐요!

메트로, 서브웨이, 튜브

해외 도시마다 지하철을 부르는 이름이 다 달라요. **메트로(Metro)**는 교통수단 자체를 의미해요. 유럽 국가들이 많이 사용해요.
서브웨이(Subway)는 '지하 이동 경로'라는 뜻으로, 영미권에서 많이 사용해요.
튜브(Tube)는 '관', '통'을 가리키는데, 영국 런던에서 많이 사용해요.

열기구와 비행선

열기구(Hot air ballon)는 뜨거운 공기로 가득 차 있어요.

바람에 조종하기가 까다로워요.

비행선(Airship)은 헬륨이란 기체와 엔진으로 움직여요.

조종사는 어디든 원하는 곳으로 조종해요.

가솔린·디젤·전기 자동차

가솔린 자동차(Petrol car)나 **디젤 자동차(Diesel car)**는 휘발유나 디젤을 연료로 사용해 달려요.

전기 자동차(Electric car)는 전기로 충전해요.

버스와 전차

버스(Bus)는 연료나 전기로 움직여요.

버스

바퀴가 도로에 있어요.

전차(Tram)는 대개 지붕 위에 달린 전력 케이블로 전기를 받아서 달려요.

전차

바퀴가 선로에 있어요.

느긋한 산책과 활기찬 산책

느긋한 산책(Stroll)은 주위를 둘러보며 걷는 산책이에요.

15분에 1킬로미터 걷기

활기찬 산책(Brisk walk)은 목적지에 가는 산책이에요.

10분에 1킬로미터 걷기

고속 열차와 자기 부상 열차

고속 열차(High-speed train)
- 바퀴가 선로에 있음.
- 시속 약 300킬로미터

자기 부상 열차(Maglev train)
- 성능 좋은 자석 장치로 열차가 공기층 위에 떠 있음.
- 시속 약 500킬로미터

실제로 어떤 차이가 있을까요?

우리 세계

실제로 지구는 몇 살일까요? 잠깐만요, 지구는 거의 45억 년이나 되었네요. 이번 장에서는 우리가 살고 있는 지구의 놀라운 세계에 대해 알아봅니다.

북반구와 남반구

우리는 지구를 위아래 둘로 나누어 '반구'라고 불러요.

북반구
Northern Hemisphere
북반구는 적도 위에 있어요.

적도는 지구 중심을 따라 쭉 이어지는 눈에 보이지 않는 선이에요.

북반구

적도

남반구
Southern Hemisphere
남반구는 적도 아래에 있어요.

남반구

위도와 경도

여러분은 지구에서 어디에 있나요? 지도나 지구본에서는 위도와 경도가 위치를 찾도록 도와줍니다.

동 East **서** West
남 South **북** North

나침반의 네 방위가 지도에서 방향을 알려 줘요.
말놀이처럼 재밌게 동서남북을 읽어 봐요.

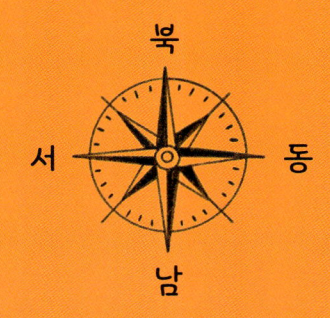

위도 Latitude
위도선은 적도에서 남쪽이나 북쪽으로 얼마나 멀리 떨어져 있는지 알려 줍니다.

경도 Longitude
경도선은 동쪽이나 서쪽으로 얼마나 멀리 떨어졌는지 측정하게 해 줍니다.

적도

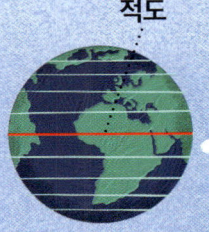

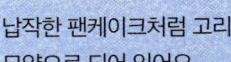

납작한 팬케이크처럼 고리 모양으로 되어 있어요.

오렌지 조각처럼 위에서 아래로 되어 있어요.

대륙과 국가

대륙은 국가보다 훨씬 더 커요.

대륙 Continent

대륙은 지구에 있는 주요 육지로, 지구에는 7개의 대륙이 있어요.

세계 지도에서 7개 대륙인 북미, 남미, 유럽, 아시아, 아프리카, 호주, 남극을 찾을 수 있나요?

국가 Country

국가는 하나의 특정한 육지로, 사람들이 정착해서 하나의 정부가 다스리는 곳이에요. 세계에는 약 200개의 국가가 있어요. 지도에서 인도라는 국가를 찾을 수 있나요?

북미

전 세계 국가에는 다양한 도시와 소도시와 마을이 있어요.

도시 City

도시에서는 많은 사람과 자동차와 버스, 기차와 전차를 볼 수 있어요. 또한 사무실, 아파트, 도서관, 학교, 병원, 교회와 성당, 가게, 공연장과 극장, 어쩌면 대학도 볼 수 있죠. 샌프란시스코는 금문교로 유명한 미국 도시예요.

수도 Capital city

수도는 한 국가의 정부가 있는 곳이에요. 일반적으로 수도는 한 국가에서 가장 중요한 도시입니다. 워싱턴 D.C.는 미국의 수도예요.

남미

남극

대도시 Megacity

대도시는 1천만 명이 넘는 사람이 사는 엄청나게 큰 도시입니다. 일본의 도쿄는 대도시예요. 세계에는 30개가 넘는 대도시가 있어요.

거대 도시 Megalopolis

잠깐만요, 거대 도시는 대도시보다 훨씬 더 커요! 시간이 지나면서 많은 도시가 합쳐져 크게 뻗어 나갔어요! 중국의 양쯔강 하구 지역에 형성된 양쯔강 삼각주는 거대 도시입니다.

여러분이 살고 있는 대륙과 국가는 어디인가요?

인도는 아시아 대륙에 있는 국가입니다. 인도는 중국과 함께 세계에서 인구가 가장 많은 국가 중 하나예요.

소도시 Town

소도시에는 시장, 가게가 가득한 거리, 공원과 유원지가 있어요. 소도시는 마을보다 크지만, 도시보다는 작아요.

마을 Village

마을에는 가게가 몇 개밖에 없거나 아예 없을 수도 있어요. 흔히 마을은 시골에 있어요. 겨우 수백 명의 사람들만 살고 있죠.

북극과 남극

두 곳은 몹시 추워요. 한 곳은 세계에서 가장 위쪽에 있고, 다른 곳은 가장 아래쪽에 있어요.

북극
Arctic

북극은 북극점 주변 지역이에요. 얼어붙은 북극해와 북미, 아시아, 유럽의 북쪽 경계가 포함됩니다.

남극
Antarctic

남극은 남극점을 둘러싸고 있어요. 남극은 엄청나게 커요. 얼음으로 뒤덮인 남극 대륙이 중심이에요.

우리가 해냈어!

탐험가는 북극과 남극을 탐험했어. 과학자들은 극지방 동물도 연구하고 있지.

북극점과 남극점이 정확히 뭐예요?

지구가 자전축이라는 무지하게 긴 막대를 중심으로 돌고 있다고 상상해 봐요. 막대가 위쪽으로 튀어나오면 북극점이고, 아래쪽으로 튀어나오면 남극점이에요.

'한밤중의 태양'이 뭐예요?

태양이 전혀 지지 않아서 하루 24시간 동안 밝은 걸 말해요. 남극과 북극이 여름일 때 일어나죠. 대신 겨울에는 24시간 어두워요. 지구가 태양을 향해 기울어져서 생기는 현상이에요.

빙하와 피오르

눈으로 덮인 추운 땅에서 빙하와 피오르를 찾아보세요.

빙하는 육지에서 천천히 움직이면서 산 사이에 좁고 깊은 길을 냅니다. 빙하가 녹아서 산 위쪽에만 남으면, 바닷물이 밀려 들어올 수 있어요.

피오르 Fjord
피오르는 가파른 절벽이 있는 길고 좁은 바다 입구입니다. 수천 년 전에 빙하에 깎여서 피오르가 되었어요.

빙하 Glacier
빙하는 거대한 얼음덩어리가 강처럼 아주 천천히 움직이는 거예요. 빙하는 크기가 작은 나라만큼 클 수 있어요.

빙산과 그롤러

빙산은 바다에 둥둥 떠다니는 얼음덩어리예요.
그롤러는 빙산의 한 종류예요.

빙산

빙산 조각

그롤러

빙산 Iceberg
얼음 대부분이 물속에 있어서 밖에서 보이지 않아요.

빙산 조각
빙산 조각은 크기가 작은 집만 해요.

그롤러 Growler
크기가 그랜드 피아노만 한 작은 빙산 조각이에요.

지각과 맨틀

지구는 지각, 맨틀, 핵의 세 층으로 이뤄졌어요.

지각 Crust
지각은 지구의 바깥쪽에 있는 얇은 층으로, 단단한 암석과 광물로 이뤄졌어요.

맨틀 Mantle
지각 밑에는 맨틀이 있어요. 맨틀은 훨씬 더 두껍고 뜨거워요. 맨틀도 지각처럼 단단한 암석과 광물로 이뤄졌지만, 마그마라는 뜨겁고 끈적거리는 암석도 있어요. 마그마는 움직여요.

핵 Core
핵은 공처럼 둥글고 엄청나게 뜨거운 금속이에요. 핵의 바깥쪽인 외핵은 액체이고, 안쪽인 내핵은 고체입니다.

지각이 거대한 퍼즐 조각처럼 잘 맞물려서 지구를 덮고 있어요. 이를 '지각판'이라고 불러요.

지구의 내핵은 얼마나 뜨거울까요?
엄청 뜨거워요! 확실히 알지 못하지만, 과학자들은 섭씨 5,000도가 넘는 태양 표면만큼 뜨거울 거라고 생각해요.

암석과 화석

암석과 광물을 연구하는 사람을 지질학자라고 해요.
화석을 연구하는 사람은 고생물학자이죠.

암석 Rock

높이 치솟은 절벽은 암석으로 만들어졌어요. 작은 돌은 암석 조각이에요. 암석은 철, 금, 은 같은 광물이 합쳐져서 만들어지죠.

많은 암석은 단단하지만, 백악(분필)처럼 부서지기 쉬운 암석도 있어요.

화석 Fossil

화석은 오래전에 죽은 동식물이 암석에 보존된 채 남아 있는 거예요.

공룡 화석을 찾을 수 있는 가장 좋은 곳은 어디일까요?

공룡 화석은 세계 모든 대륙에서 발견되지만, 찾아보기 가장 좋은 곳은 북미, 중국, 아르헨티나에 있는 사막이에요.

화석이 만들어지는 과정

1. 수백만 년 전에 동물이 죽어요. 동물에서 부드러운 부분은 썩고, 껍질처럼 단단한 부분은 남아요.

2. 그 위로 모래와 진흙이 층층이 쌓여요. 시간이 지나면서 암석으로 변해요.

3. 동물의 껍질이나 뼈 같은 단단한 부분이 물속의 무기질로 인해 암석으로 바뀌면, 화석이 만들어져요.

산과 언덕

둘 다 가파른데, 그중 하나가 더 가파르죠.

계곡과 협곡

계곡은 언덕이나 산 사이에 있는 낮고 긴 땅이에요. 협곡은 계곡의 하나예요.

이 계곡은 경사면이 있어요.

산 Mountain
산은 언덕보다 훨씬 가파르고 높아요.

산
- 더 가파름.
- 뾰족한 봉우리
- 종종 바위만 있음.

계곡 Valley
흔히 강은 계곡을 따라 흘러요. 다양한 모양의 계곡이 있어요. 경사면이 완만한 계곡도 있고, 가파른 계곡도 있지요.

좁고 가파름.

언덕 Hill
언덕은 바위와 흙이 높이 쌓인 거예요. 언덕은 걸어 올라가기 힘들지만, 달리면서 내려오면 재밌어요!

언덕
- 가파름.
- 둥근 꼭대기
- 흔히 풀이 많음.

협곡 Canyon
협곡은 깊고 좁은 계곡이에요. 카누를 타고 협곡을 지나가는데, 위를 쳐다보니 양쪽으로 가파른 바위벽이 보인다고 상상해 봐요.

산의 모습

산 정상은 산의 맨 꼭대기예요.

산등성이는 길고 좁으며, 옆면이 가파르게 기울어져 있어요.

산 아래는 산기슭이라고 해요.

산의 면은 한쪽 면이에요.

여러 산이 모여 있으면 산맥이라고 해요.

활화산과 휴화산

화산은 폭발할지도 모르는 산이에요!

화산이 폭발하면 지구 내부에서 뜨거운 돌이 막 뿜어져 나와요. 이를 분출이라고 해요. 화산은 지구의 지각판들이 갈라지거나 충돌해 생겨요. 잘 맞지 않는 지각판은 함께 움직이거나 멀어져요.

활화산 Active volcano
최근에 분출했어요. 위험해요! 다시 분출할지도 몰라요.

휴화산 Dormant volcano
한동안 분출하지 않았지만 언제 분출할지는 알 수 없어요.

사화산 Extinct volcano
다시 분출할 것 같지는 않아요.

마그마와 용암

마그마와 용암은 거의 같아요.

마그마 Magma
화산 깊숙한 곳에는 너무 뜨거워서 녹아내린 암석이 있어요. 이렇게 녹은 암석을 마그마라고 해요.

용암 Lava
화산 안에서 압력이 쌓이면 마그마가 위로 올라가서 꼭대기에서 마침내 폭발해요. 표면을 따라 흐르는 마그마를 용암이라고 하죠.

대양과 바다

지구는 대부분 넓고 푸른 대양과 바다로 덮여 있어요.

대양은 서로 흘러들어요.

대양 Ocean

대양은 바다보다 훨씬 더 커요. 이 지도는 세계 주요 5개 대양인 오대양을 보여 줍니다. 오대양은 태평양, 대서양, 인도양, 북빙양, 남빙양이에요.

바다 Sea

일반적으로 바다는 대양보다 작아요. 흔히 바다는 육지로 둘러싸여 있어요. 위의 지도에서 지중해를 찾을 수 있나요?

바다는 짠물로 가득한 아주 크고 깊은 곳이에요.

해변은 육지가 바다와 만나는 곳이에요.

파도는 바람이 바닷물을 움직여서 생기는 물결이에요.

해류는 바닷물의 강한 흐름이에요.

해저

지구를 왜 푸른 행성이라고 부를까요?

우주에서 보면 지구가 대양과 바다로 덮여 있어서 푸른색으로 아름답게 보이거든요.

강과 호수

물은 어디에나 있어요. 강과 호수는 염분이 없는 물로 가득해요.
여기에 비가 내리면 물이 더 많아져요.

강은 수원지에서 시작해요.

강 River

강은 갈 곳이 있어요. 바다로 흐르거든요. 강은 내내 아래로 흘러요.

강은 완만히 굽이쳐 흐르기도 하죠.

호수 Lake

호숫물은 바람이 불지 않으면 많이 움직이지 않아요. 호수는 육지로 둘러싸여 있어요.

호수가 사라지기도 하나요?

지구에는 약 1억 1천7백만 개의 호수가 있는데, 몇몇 호수가 사라졌어요. 기온이 더 높아지고 비가 적게 내리면 호수가 사라질 수 있어요.

육지에 있는 물

개울은 강보다 작아요.

강이 빠르게 흘러서 종종 바위 위로 흐르면, 급류라고 해요.

물이 절벽에서 떨어지면 폭포가 되어요.

연못은 호수와 비슷하지만, 더 작아요.

41

온대림과 한대림

숲마다 자라는 나무도 다 달라요. 숲에 가면 꼭 나무에서 나오는
맑은 공기를 깊이 들이마셔 보세요.

가을에는 낙엽수의 잎이 빨갛고 노랗게 알록달록하게 변해요.

온대림 Temperate forest

온대림에서는 비가 오고 햇빛이 비치는 날씨에 따라 여러 종류의 나무가 함께 자라고 있어요. 매년 가을에는 많은 나무에서 잎이 떨어지고, 봄에 새잎이 자라요.

온대림은 어디에 있을까요? 전 세계에 걸쳐, 너무 덥지도 춥지도 않은 곳에 있어요.

침엽수는 대부분 상록수입니다.

나무끼리 말을 할까요?

과학자들은 숲 밑에 나무를 서로 연결하는 뿌리와 균류의 땅속 연락망이 있다고 믿어요. 이를 '우드 와이드 웹(wood wide web)'이라고 해요.

한대림 Boreal forest

추운 북쪽 지역에서는 소나무, 가문비나무, 전나무가 한대림에서 자라고 있어요. 일 년 내내 상록수는 푸르고 뾰족한 바늘잎을 달고 있어요.

한대림은 어디에 있을까요? 북반구에서 훨씬 위쪽에 있어요.

열대 우림과 맹그로브 숲

이들 숲에서는 햇빛이 쨍쨍 비치고 비가 몹시 세차게 쏟아져요.

캐노피*
하층 식물

열대 우림
Tropical rainforest

열대 우림에서는 덥고 습하고 푹푹 쪄요. 우뚝 솟은 나무는 어두운 숲 밑바닥에서 햇빛을 향해 쑥쑥 자라요. 동물은 놀랍게도 숲 바닥부터 나무 꼭대기까지 곳곳에 살고 있어요.

숲 바닥

맹그로브 숲
Mangrove forest

맹그로브 숲은 해안에서 볼 수 있어요. 맹그로브 나무는 밀물과 썰물에 따라 오가는 바닷물로 뿌리를 쭉 뻗어요.

열대 우림은 어디에 있을까요? 열대 지역에서 습한 곳에 있어요.
*캐노피: 숲의 나뭇가지가 지붕 모양으로 우거진 것.

맹그로브 숲은 어디에 있을까요? 열대 지역에서 바닷가 근처에 있어요.

잡목림과 과수원

둘 다 사람이 나무를 돌보는 곳이에요.

잡목림 Coppice

잡목림에서는 일꾼들이 때때로 나뭇가지를 잘라 줘요. 땅에서 가는 나뭇가지가 쑥 나오거든요. 잡목림은 숨바꼭질하며 놀기에 좋아요!

과수원 Orchard

과일나무와 견과류 나무는 과수원에서 자랍니다. 과일과 견과는 수확한 후 먹어요.

43

초원과 사바나

초원은 보이는 한 멀리까지 평평하고, 풀이 가득 자라 있어요.
어떤 초원은 사바나라고 불러요.

초원 Grassland
초원은 비가 많이 내리지 않는 곳에서 볼 수 있어요. 풀이 자라지만 나무가 많지 않아요.

미국에서는 초원을 '대초원'이라고 불러요. 남미에서는 '팜파스'라고 해요. 아시아에서는 '스텝'이라고 해요.

사바나 Savanna
아프리카에는 태양이 뜨겁고 먼지가 많은 땅에 햇볕이 쨍쨍 내리쬐는 드넓은 사바나 지역이 있어요. 사바나는 초원과 달리, 나무가 드문드문 있어요.

사막과 툰드라

사막은 지구에서 가장 건조한 곳이에요. 비가 거의 오지 않아서 식물이 거의 자라지 않아요.
툰드라는 북극 근처에 있는 사막이에요.

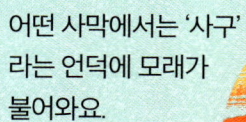

어떤 사막에서는 '사구'라는 언덕에 모래가 불어와요.

추운 사막에는 지의류와 이끼를 포함한 몇 종류의 식물만 자라죠.

사막 Desert
흔히 사막은 뜨겁고 모래투성이라고 생각하지만, 모든 사막이 그렇지는 않아요. 추운 사막, 바위가 많은 사막, 해안가 사막도 있어요.

툰드라 Tundra
툰드라는 일 년 내내 거의 꽁꽁 얼어 있는 추운 사막이에요. 여기에서는 나무가 자라지 않아요.

날씨와 기후

우산을 잊지 말고 챙겨요! 아니면 햇빛을 가리는 모자를 챙기세요!

날씨 Weather

창밖을 바라봐요. 화창하나요? 비가 오나요? 바람이 부나요? 아니면 눈이 내리나요? 혹시 천둥번개가 치지는 않나요? 여러분은 날씨를 보고 있는 거예요.

기후 Climate

기후는 오랜 시간에 걸친 날씨를 말해요.

여러분이 사는 곳의 날씨는 어때요?

남극

··· 몹시 추운가요? 그러면, 한대 기후예요.

··· 따뜻하고 습한가요? 열대 기후예요.

아마존에 온 것을 환영합니다!

··· 주변에 산이 있어서 날씨가 변덕스러운가요? 그러면 고산 기후예요.

알프스산맥

··· 여름에 따뜻하고 겨울에 추운가요? 그러면 온대 기후입니다.

요크셔 데일즈*

> **동물이 날씨를 예측할 수 있을까요?**
> 비가 내리려고 하면, 개구리가 더 크게 개굴개굴 울고, 양이 옹기종기 모이고, 새가 낮게 난다고 말하는 사람도 있어요.

*요크셔 데일즈: 목초지로 이루어진 영국 북부에 위치한 국립 공원.

번개와 천둥

번쩍! 우르르! 쾅쾅!

번개 Lightning

구름 속에서 빗방울이 얼어붙어서 서로 충돌하면 전하*가 만들어져요. 전하가 쌓이면 번개가 번쩍거리며 내리쳐요.

*전하: 물체가 띠고 있는 정전기의 양.

천둥 Thunder

번개가 공기를 데우면, 공기가 빨리 다시 식어 버려요. 공기의 온도가 뜨거웠다가 식으며 변하면 소리가 크게 물결치며 울려서 천둥이 되어요.

번개와 천둥이 거의 동시에 일어나더라도 번개가 먼저 보입니다. 왜냐하면 빛이 소리보다 더 빠르게 이동하니까요.

바로 지금 얼마나 많은 뇌우가 발생하고 있을까요?

뇌우는 천둥과 번개를 동반한 비를 말해요. 전 세계에서 이 순간에도 약 2천 개의 뇌우가 일어나고 있어요.

토네이도와 허리케인

위험해요! 강력한 바람이 분다고 경고해요.

토네이도
Tornado

토네이도는 '회오리바람'이라고 하는데, 공기가 기둥처럼 맹렬하게 휘몰아치는 바람이에요. 땅에서부터 하늘 높이 뇌우까지 쭉 뻗어 있어요. 토네이도는 건물을 산산조각 낼 수 있어요.

토네이도는 몇 분간 계속 몰아칠 수 있어요. 허리케인은 다른 나라로 이동하면서 며칠 혹은 몇 주간 이어질 수 있어요.

토네이도는 허리케인보다 바람이 훨씬 더 빨라요.

허리케인
Hurricane

허리케인은 바다에서 시작해 육지로 이동하며 소용돌이치는 강한 폭풍이에요. 땅에 있는 것은 뭐든지 강풍에 휩쓸려요.

허리케인은 토네이도보다 커요. 종종 수천 배나 커요.

바람

바람은 지구를 돌면서 움직이는 공기예요. 바람은 살살 불거나 매섭게 불 수 있어요.

무풍 - 바람이 잔잔해요.

남실바람(경풍) - 나뭇잎이 팔랑거려요.

된바람 - 나뭇가지가 흔들려요.

돌풍 - 나뭇가지가 부러져요.

폭풍 - 지붕이 휙 날아가요.

구름과 비구름

비는 항상 구름에서 뚝뚝 떨어져요. 그런데 구름이라고 다 비를 만들지 않다니, 알쏭달쏭하지 않아요?

구름 Cloud

구름은 공기 중에서 함께 떠다니는 수백만 개의 작은 물방울이나 얼음 결정으로 만들어져요.

비구름 Rain cloud

작은 물방울이 너무 무거워져서 하늘에 떠 있지 못하면 구름이 비구름이 되어요. 그리고 나서 물방울이 비로 땅에 뚝뚝 떨어져요.

기상 예보관은 다양한 구름의 모양과 높이를 보고 날씨를 예측해요.

적란운(소나기구름): 높이 쌓인 검은 비구름이 보이면 곧 폭풍이 온다는 신호예요.

권운(털구름): 구름이 몇 줄기만 보인다면 날씨가 맑아요.

난층운(비층구름): 곧 비가 내려요. 비구름은 물방울이 뭉쳐서 빗방울이 되니까 어두워 보이죠.

고적운(높쌘구름): 천둥 치는 폭풍우가 오기 전에 나타나는 구름이에요.

적운(뭉게구름): 이 구름은 솜털처럼 뭉실뭉실해 보여요. 적운이 보이면 날씨가 맑고 간혹 비나 눈이 내리기도 해요.

비가 내린 후에 나는 좋은 냄새를 뭐라고 할까요?

'페트리코'는 비가 내린 후에 나무와 땅이 젖어서 나는 부드럽고 상큼한 냄새를 표현한 말이에요. 향수 제조업자는 이렇게 특별한 냄새를 똑같이 만들어 보려고 했어요.

눈과 진눈깨비

언제 눈이 내릴까요?

눈 Snow
높은 구름 속의 공기가 영하로 내려가고 구름 속의 얼음 결정이 달라붙어서 만든 눈송이가 무거워서 떨어질 때, 땅 근처의 공기가 눈송이를 얼릴 정도로 차가워지면 눈이 펄펄 내려요!

진눈깨비 Sleet
진눈깨비는 비와 섞여서 내리는 눈이에요. 눈이 따뜻한 공기층으로 떨어지면 녹아서 진눈깨비가 되어요.

여러 가지 눈

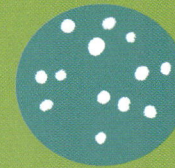
가랑눈
한차례 가볍게 내리는 눈.

눈보라
바람이 강하게 불고 많은 눈이 내림.

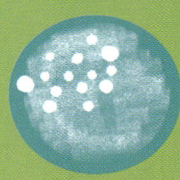
화이트아웃 (백시 현상)
안개가 끼고 눈이 너무 많이 내려서 온통 하얗게 보이는 현상.

적설
바람에 날려서 높이 쌓인 눈.

'페플'이 뭐예요?
스코틀랜드*어로 휘몰아치는 눈이에요. 스코틀랜드에는 눈에 관한 낱말이 많아요. '플린드리킨'은 소나기눈이에요. 그리고 '스피터스'는 바람에 휘날리는 눈송이에요.

*스코틀랜드: 잉글랜드, 웨일스, 북아일랜드와 함께 영국을 이루는 네 구성국 중 하나.

친환경

재사용과 재활용

난 쿠키 통이었지만, 지금은 연필 넣는 필통으로 **재사용(Reuse)**되고 있어.

재활용(Recycle)할 때는 물건을 분리수거함에 넣어요. 그러면 다른 것으로 만들어지죠.

나는 예전에는 페트병이었어.

오염과 쓰레기

오염(Pollution)은 대부분 석유와 다른 연료를 태워서 생겨요. 지구는 오염으로 망가지고 있어요.

쓰레기(Litter)는 쓰레기를 쓰레기통에 버리지 않고 아무 데나 버릴 때 생겨요.

퇴비와 거름

둘 다 냄새가 지독해요! 하지만 좋은 성분이 잔뜩 들어 있어서 식물이 자라도록 도와줘요.

퇴비(Compost)는 음식물 찌꺼기와 나뭇잎과 나뭇가지가 오랫동안 썩은 거예요.

거름(Manure)은 동물 똥오줌이 오래된 거예요.

환경과 친환경

우리 주변의 모든 것이 바로 **환경(Environment)**이에요. 지구에 온 것을 환영합니다!

친환경(Environmentally friendly) 물건은 지구에 해롭지 않은 방법으로 만들어져요.

나쁜 화학 물질이 전혀 들어 있지 않음.

- 재생 에너지로 만듦.
- 배기가스 오염을 줄이려고 현지에서 만듦.

친환경을 실천해서 지구를 구해요.

숲과 산림 전용

숲(Forests)은 공기를 맑게 해 주고, 홍수를 줄이고, 동물이 지낼 곳을 마련해 줍니다.

산림 전용(Deforestation)은 집을 새로 짓거나 농작물을 키울 밭을 만들려고 나무를 베서 숲을 줄이는 거예요.

태양열과 풍력

태양열(Solar power)은 햇빛으로 만들어져요.

태양이 태양 전지판에 비치면…

풍력(Wind power)은 바람으로 만들어져요.

… 햇빛이 전기로 바뀌어요.

바람이 터빈 날개를 돌리면…

… 바람이 전기로 바뀌어요.

화석 연료와 바이오 연료

석탄과 석유는 수백만 년 전에 만들어진 **화석 연료(Fossil fuels)**입니다.

화석 연료는 다 쓰게 될 거예요.

바이오 연료(Biofuels)는 식물이나 조류나 동물로 만들어요.

우리는 이런 식물을 계속 키울 수 있어요.

지속 가능과 재생 가능

지속 가능하다(Sustainable)는 것은 지구에 해롭지 않으며, 여러 번 쓸 수 있다는 뜻이에요. 빗물을 다시 쓰는 것은 계속할 수 있어서 지속 가능해요.

재생 가능하다(Renewable)는 것은 항상 쓸 게 더 많이 남았다는 뜻이에요. 태양열은 태양이 계속 비치니까 재생 가능해요.

비와 산성비

비(Rain)는 구름에서 뚝뚝 떨어져서 호수와 강을 채워요.

산성비(Acid rain)는 유독 가스가 대기 중의 물과 섞여서 만드는 오염이에요. 산성비는 나무와 동물에게 피해를 줄 수 있어요.

작은 변화와 큰 차이

다음과 같은 **작은 변화(Small Change)**를 실천해서…
- 재사용하기
- 재활용하기
- 쓰레기 버리지 않기

… **큰 차이(Big difference)**를 만들어 봐요.

식물

씨앗과 견과

씨앗(Seed)은 식물이 자라는 데 필요한 모든 것으로 꽉 차 있어요.

난 생명의 시작이야.

씨앗

견과(Nut)는 단단한 껍질 안에 든 씨앗이에요.

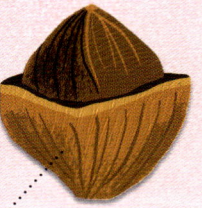
개암나무의 견과, 개암

새싹과 뿌리

식물은 땅 위로 **새싹(Shoot)**이 자랍니다.

위로 쭉쭉 올라가.

아래로 쭉쭉 내려가.

식물은 땅속으로 **뿌리(Root)**가 자라요.

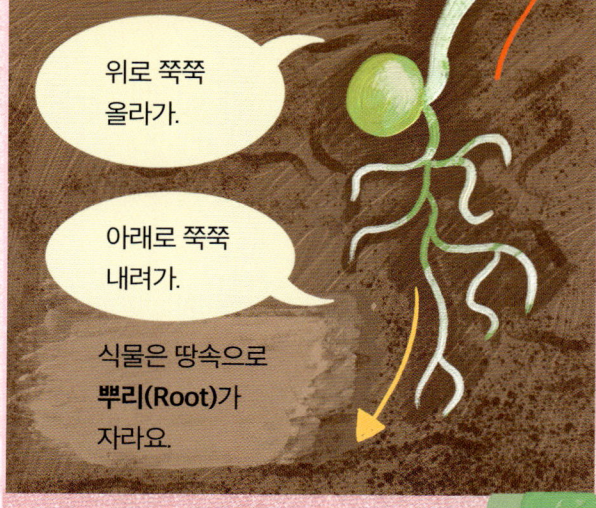

꽃(플라워)과 꽃(블러썸)

플라워(Flower)는 식물학에서 식물이 자라도록 씨앗을 만드는 부분을 가리켜요.

곤충을 끌어들임.

예쁜 모양과 색깔

블러썸(Blossom)이란 말은 봄에 과일나무에서 피는 꽃을 가리켜요.

꽃잎이 떨어지면 열매가 자라기 시작해요.

봉오리와 구근

봉오리(Bud)는 봄에 꽃이나 잎이 새로 나오기 전에 꼭 오므라져 있는 거예요.

구근(Bulb)은 식물이 겨울에 땅속에서 쉬는 동안에 영양분을 저장하는 곳이에요.

과일즙과 꿀

과일즙(Nectar)

벌은 꽃에서 달콤한 즙을 먹고 꿀로 만들어요.

꿀(Honey)

나무줄기와 나무껍질

나무줄기(Trunk)는 나뭇가지를 지탱해요. 물은 뿌리에서 나와서 줄기를 따라 올라가요. 식물이 자라고 튼튼해지는 데 필요한 영양분도 위로 올라가요.

나무줄기

나무껍질
영양분과 물

나무껍질(Bark)은 나무줄기를 둘러싼 바깥층이에요. 나무껍질은 동물과 날씨로부터 나무를 지켜 줘요.

나무 하나로 약 17만 개의 연필을 만든다고 생각해 봐요.

낙엽수와 상록수

가을에는 **낙엽수(Deciduous tree)**에서 나뭇잎이 떨어져요. 봄에 새잎이 자라요. 참나무는 낙엽수예요.

참나무 / 전나무

상록수(Evergreen tree)는 일 년 내내 잎이 달려 있어요. 전나무는 상록수예요.

홑잎과 겹잎

홑잎(Simple leaf)
잎사귀가 한 장임.

겹잎(Compound leaf)
잎사귀가 여러 장임.

손바닥 모양 잎과 창 모양 잎

손바닥 모양 잎 (Hand-shaped leaf)

창 모양 잎(Spear-shaped leaf)

파리지옥풀과 벌레잡이풀

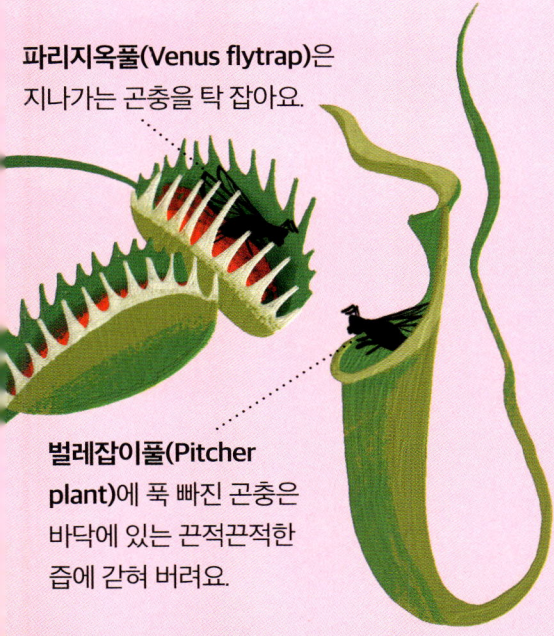

파리지옥풀(Venus flytrap)은 지나가는 곤충을 탁 잡아요.

벌레잡이풀(Pitcher plant)에 푹 빠진 곤충은 바닥에 있는 끈적끈적한 즙에 갇혀 버려요.

말미잘과 산호

두 '수중 식물' 사이에는 어떤 차이가 있을까요? 질문에 함정이 있어요! 둘 다 식물처럼 보이지만, 사실 동물이거든요.

말미잘(Sea Anemone)
- 부드럽고 말랑말랑함.
- 톡 쏘는 촉수가 있음.

산호(Coral)
- 단단한 골격으로 보호함.
- 산호초를 만듦.

라플레시아와 두리안 과일

둘 다 지독한 냄새가 나요.

라플레시아 (Rafflesia)
세상에서 가장 큰 꽃이에요.

두리안 과일 (Durian fruit)
두리안은 냄새가 너무 심해서 먹지 못하게 하는 곳도 있어요.

실제로 어떤 차이가 있을까요?

동물

실제로 얼마나 많은 종류의 동물이 있을까요?
약 7백만 종이 넘는 다양한 동물이 있답니다.
이번 장에서는 놀라운 동물에 관해
얘기해 볼까요?

멸종과 멸종 위기

지금 우리가 동물을 보호하면 미래를 위해 잘 보존할 수 있어요.

멸종 Extinction

동물이 다 죽으면 멸종되어요. 즉, 세상에 그 동물이 하나도 남아 있지 않다는 뜻이에요.

최근에 서아프리카 검은코뿔소가 멸종되었어요. 사람들이 뿔을 얻으려고 코뿔소를 죽였거든요.

멸종 위기 Endangered

동물이 멸종 위기에 처하면 야생에서 멸종될 가능성이 매우 높아요. 얼마 남지 않은 멸종 위기 동물은 도와주지 않으면 번식할 만큼 새끼를 충분히 낳지 못할 수도 있어요.

푸른바다거북은 멸종 위기종이에요. 커다란 푸른바다거북은 바다에서 헤엄치다가 실수로 고기잡이 그물에 잡히거든요. 또한 바다 오염과 사람들의 거북알 수집, 그리고 바닷가 관광과 기후 변화로 인해 점점 더 위험에 처해 있어요.

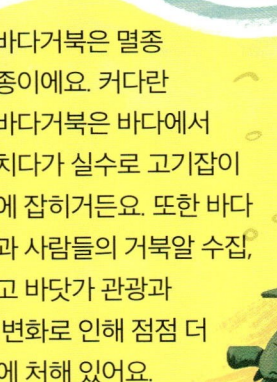

조심하세요!

새끼 거북이들이 지나가요!

어떻게 도울 수 있을까요?

주변에서 시작하세요. 근처에 사는 야생 동물을 보호하는 지역 보호 운동에 관해 선생님에게 물어봐요. 전 세계에서 멸종 위기에 처한 동물도 알아보세요.

척추동물과 무척추동물

동물이 척추(등뼈)가 있는지 없는지에 따라 척추동물 또는 무척추동물이라고 해요.

척추

척추동물 Vertebrate

척추동물은 척추가 있는 동물이에요. 여러분한테 척추가 있듯이, 기린도 척추가 있어요. 포유동물, 조류, 양서류, 파충류, 어류는 모두 척추동물이에요.

척추가 없음.

무척추동물 Invertebrate

무척추동물은 척추가 없는 동물이에요. 곤충은 척추가 없어요. 벌레, 거미, 달팽이도 척추가 없어요.

초록청개구리

항온 동물과 변온 동물

동물은 각각 다른 방법으로 몸을 따듯하고 시원하게 유지해요.

항온 동물 Warm-blooded

항온 동물은 스스로 체온을 유지해요. 여러분은 항온 동물이에요. 바깥이 너무 덥거나 춥더라도, 여러분의 몸은 거의 같은 온도를 유지해요. 포유동물은 모두 항온 동물이에요. 새도 마찬가지고요.

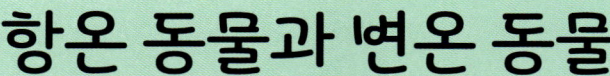

도마뱀의 몸은 햇빛을 받으면 따뜻해지고 그늘에서는 시원해져요.

변온 동물 Cold-blooded

변온 동물은 주변 온도에 따라 몸이 덥거나 차가워져요. 파충류, 양서류, 곤충, 벌레와 어류는 변온 동물이에요.

집도마뱀붙이

포유류와 다른 무리

세상의 모든 동물을 무리로 나눠서 과(科)로 분류한 사람은 누구일까요?

칼 폰 린네

1700년대에 스웨덴의 과학자 칼 폰 린네(1707~1778)는 동물을 여섯 무리로 나누는 기발한 방법을 떠올렸어요. 각 무리에 속한 동물은 비슷한 특징을 갖고 있어요.

다음 동물은 어떤 무리에 속할까요?

질문을 읽고, 그림의 동물 중에서 맞는 설명을 각각 찾아보세요. 정답은 아래에 있습니다.

이것은 항온 동물이고 털이 많은가요? 어미 젖을 먹나요?
이것은 포유류예요.

이것은 변온 동물인가요? 피부가 건조하며 비늘로 덮여 있고 공기로 호흡하나요? 보통 알을 낳나요?
이것은 파충류입니다.

이것은 항온 동물인가요? 날개, 깃털, 부리가 있나요? 알을 낳나요?
이것은 조류입니다.

이것은 척추가 없는 작은 동물인가요? 몸이 부드럽거나 단단한 바깥 껍질인 외골격이 있기도 해요.
이것은 무척추동물이에요.

이것은 변온 동물인가요? 물속에 살고 아가미로 숨을 쉬나요? 비늘과 지느러미가 있고, 알을 낳나요?
이것은 어류입니다.

강아지
금붕어
개똥지빠귀
지렁이

이것은 변온 동물인가요? 육지에도 살고 물속에도 사나요? 알을 낳나요?
이것은 양서류입니다.

어떤 무리의 동물이 종류가 가장 많을까요?

무척추동물에 속하는 곤충이 가장 많아요. 전 세계에는 백만 개가 넘는 다양한 곤충이 있어요.

정답: 강아지 = 포유류 / 개똥지빠귀 = 조류 / 장지뱀붙이 = 파충류 / 금붕어 = 어류 / 청개구리 = 양서류 / 지렁이 = 무척추동물

57

포식자와 먹이

야생에서 동물들은 하루 24시간 내내 목숨을 건 숨바꼭질을 하고 있어요.

포식자 Predator

포식자는 다른 동물을 사냥해서 죽여요. 사자는 포식자입니다. 사자는 얼룩말과 다른 동물을 잡아먹어요.

먹이 Prey

먹이는 다른 동물한테 사냥당해서 죽어요. 얼룩말은 사자에게 잡아먹히니까 먹이예요.

포식자는 사냥해요.
사자는 최상위 포식자라서, 다른 동물이 사자를 사냥하지 않아요.

먹이가 되는 동물은 안전해지려고 노력해요.
수가 많은 편이 안전해요. 얼룩말은 많은 무리가 떼를 지어서 살아요.

사자는 몰래 숨어 있다가 얼룩말을 공격해요.

포식 동물이 먹이가 되기도 하나요?

맞아요. 생존이 가장 중요하거든요. 하이에나는 가젤과 다른 동물을 사냥해요. 그런데 하이에나는 사자한테 잡아먹힌답니다.

사자 하이에나 가젤

육식 동물과 초식 동물

동물은 항상 경계하며 다음 먹이를 찾아다녀요.

육식 동물 Carnivore

육식 동물은 고기를 먹어요. 육식 동물은 다른 동물을 먹고 다른 건 별로 먹지 않아요. 많은 육식 동물은 날카로운 발톱과 이빨로 먹이를 잡아먹어요.

초식 동물 Herbivore

초식 동물은 동물 세계의 채식주의자처럼 식물만 먹어요.

사자는 육식 동물이에요. 사자는 새, 산토끼, 쥐, 거북, 도마뱀, 멧돼지, 들개, 하이에나, 영양, 치타, 들소, 표범, 악어를 먹어요. 이런! 새끼 코끼리, 코뿔소, 하마와 기린도 잡아먹어요. 얼룩말도 먹고요.

코끼리는 초식 동물이에요. 코끼리는 하루 18시간 동안 풀, 나뭇잎, 줄기, 나무껍질, 열매, 과일과 꽃을 먹어요.

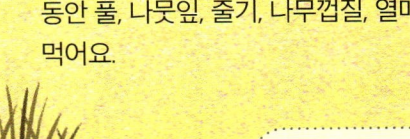

혹멧돼지는 잡식 동물이에요. 혹멧돼지는 풀, 뿌리, 산딸기, 나무껍질, 버섯과 씨앗을 먹어요. 흰개미 등의 곤충과 죽은 동물도 먹고요. 또 벌레도 먹어요.

누구에게 더 날카로운 이빨이 있을까요?

길고 뾰족한 송곳니와 날카로운 앞니를 가진 육식 동물이에요. 초식 동물에게는 식물을 우적우적 씹어서 갈아 먹는 납작한 이빨이 있어요. 잡식 동물은 여러 가지 이빨을 갖고 있어요.

잡식 동물
Omnivore

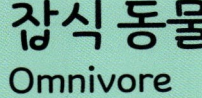

잡식 동물은 식물과 동물을 다 먹어요.

코와 주둥이

후각은 동물의 본능적인 감각이에요.

코 Nose
동물은 코로 먹이의 냄새를 킁킁 맡아요. 먹이가 가까이 있어서 먹어야 할 때나, 포식자가 가까이 있어서 달아나야 할 때는 코로 냄새를 맡아요. 많은 동물은 냄새로 새끼를 알아봐요.

주둥이 Snout
주둥이는 길게 튀어나온 코예요. 주둥이는 땅속처럼 닿기 어려운 곳에서 냄새를 맡을 때 좋아요.

인기 스타!

별코두더지의 주둥이

참견쟁이!

개코원숭이의 주둥이

뛰어난 탐지견

강아지의 주둥이

발과 발톱

발은 부드럽고, 발톱은 날카로워요.

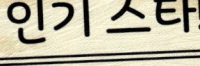

발톱

발 볼록살

발톱 Claw
발톱은 날카롭게 굽어 있어요. 고양이는 발에 발톱이 있어요. 모든 육식 동물에게는 사냥을 돕는 발톱이 있어요.

발 Paw
동물은 털로 덮인 발에 발톱과 발 볼록살이 있어요. 고양이와 강아지의 발을 찾아보세요.

눈과 겹눈

시각도 동물의 본능적 감각이에요.

눈 Eye

동물은 눈으로 먹이를 찾고 위험을 발견해요. 많은 동물은 인간처럼 눈이 두 개 있지만, 어떤 동물은 더 많아요. 상자해파리는 눈이 24개나 있어요!

안경원숭이는 어둠 속에서 보려고 커다란 눈을 갖고 있어요. 눈이 뇌보다 더 커요.

겹눈 Compound eye

곤충에게는 수많은 작은 수정체로 이뤄진 겹눈이 있는데, 수정체가 작은 눈처럼 작동해요. 겹눈은 빠른 움직임을 알아채고, 한 번에 여러 방향을 볼 수 있어요.

잠자리는 겹눈 하나에 작은 눈이 최대 3만 개나 있어요.

난 작은 눈으로 봐.

가시와 가시털

아야! 찌르지 마!

가시 Spine

가시는 동물의 피부에 뾰족하게 돋아난 거예요. 가시는 동물의 부드러운 몸을 보호하고 포식자에게 접근하지 말라고 경고해요. 가시는 비늘이나 털로 만들 수 있어요.

가시도마뱀은 비늘 모양의 가시로 덮여 있어요.

가시털 Quill

가시털은 억센 털로 만들어졌어요.

고슴도치의 길고 날카로운 가시털은 납작하게 있어요. 고슴도치가 위협을 받으면, 가시털이 쭈뼛 곤두서요. 공격자의 몸에 가시가 콕 박힐 수 있어요!

유인원과 원숭이

털이 엄청나게 많은 이 포유류를 빠르게 구별하는 방법이 뭘까요? 원숭이는 꼬리가 있는데, 유인원은 꼬리가 없어요. 또한 원숭이는 보통 유인원보다 작아요.

유인원 Ape

유인원은 인간과 가장 가까운 동물이에요. 유인원은 소형 유인원과 대형 유인원 두 종류가 있어요. 작은 유인원은 긴팔원숭이가 있어요. 대형 유인원은 고릴라, 보노보, 오랑우탄, 침팬지… 그리고 인간이 있어요! 맞아요, 우리도 유인원이에요!

유인원은 흔히 원숭이보다 커요. 수컷 고릴라는 무게가 약 220 킬로그램으로, 성인 남자 세 명과 맞먹어요.

유인원은 땅에서 지내는 것을 좋아하지만, 나무에도 올라갈 수 있어요.

고릴라

난 하루 종일 나뭇잎과 싹을 먹지.

무엇이 같을까요?

- 유인원과 원숭이는 둘 다 동물 분류에서 같은 영장류 목에 속해요.
- 유인원과 원숭이는 사람과 가장 가까운 동물이에요. 우리는 모두 친척이에요.
- 둘은 우우 소리 지르고, 으르렁거리고, 손으로 큰 동작을 해서 의사소통을 해요.
- 둘 다 막대기와 돌을 도구로 써서 과일과 이따금 벌레와 같은 먹이를 찾아 먹어요.
- 대부분은 잡기에 좋은 손을 갖고 있어서 먹는 데 편하고 나무를 꽉 잡을 수도 있어요.

가슴이 넓고 인간과 비슷하게 생겼어요.

종종 두 발로 걸어요.

원숭이 Monkey

명주원숭이에서 큰 개코원숭이와 시끄러운 짖는원숭이에 이르기까지 300종이 넘는 다양한 원숭이가 있어요. 많은 원숭이가 묘기를 잘 부려요. 원숭이는 열대 우림에서 나뭇가지에 오르락내리락해요.

유인원 찾아보기

긴팔원숭이의 팔은 나무에서 흔들기에 좋아요.

침팬지의 팔은 무릎보다 훨씬 아래로 쭉 늘어져 있어요.

오랑우탄은 무리와 어울리기보다 혼자 지내는 것을 더 좋아해요.

짖는원숭이

나무 꼭대기에서 지내는 것을 좋아해요.

가슴이 고릴라보다 좁아요.

꼬리로 흔들며 매달려요.

원숭이는 평소에 네 다리로 달리고, 나뭇가지를 따라 거의 달리다시피 해요.

짖는원숭이는 모든 원숭이 종류 중에서 가장 시끄러워서 붙여진 이름이에요.

원숭이 찾아보기

거미원숭이는 팔다리가 가느다란 거미와 닮았어요.

짧은꼬리원숭이는 헤엄칠 수도 있어요.

꼬리감는원숭이(카푸친)는 후드 달린 어두운 옷을 입은 수도승(카푸친 수도회)에서 딴 이름이에요.

누가 어디에 살까요?

유인원과 원숭이는 둘 다 숲에 살아요. 유인원은 아프리카와 아시아에 살아요. 원숭이는 아프리카, 아시아, 중미, 남미, 유럽에 살고 있어요.

크로커다일 악어와 앨리게이터 악어

이들 파충류는 생김새로 어떻게 구별할 수 있을까요? 크로커다일 악어는 주둥이가 V 자형으로 끝이 뾰족하고, 앨리게이터 악어는 주둥이가 U 자형으로 끝이 둥글어요. 그런데 둘 다 가까이 다가가지 말아요!

바다악어
(크로커다일과의 악어)

길이가 최대 7미터로, 사람이 네 명 정도 한 줄로 누울 수 있어요.

수컷은 무게가 약 1,000킬로그램으로 미국악어보다 거의 두 배나 무거워요.

크로커다일 악어 Crocodiles

크로커다일은 앨리게이터보다 더 공격적이에요. 이 사나운 사냥꾼은 야간 시력이 뛰어나서 밤낮을 가리지 않고 싸움을 걸어요.

수컷은 꼬리 끝에서 주둥이까지의 길이가 약 3.5미터로 크로커다일보다 짧아요.

미국악어
(아메리카 앨리게이터)

무엇이 같을까요?

- 강한 턱과 아주 날카로운 이빨이 잔뜩 난, 기다란 주둥이가 있어요.
- 머리 위에 달린 눈 덕분에, 물속에 거의 푹 잠긴 채 헤엄치면서 먹이에 몰래 다가갈 수 있어요.
- 갑옷처럼 튼튼한 뼈와, 뾰족한 꼬리가 있는 단단한 피부가 있어요.
- 물갈퀴가 달린 발과 강한 꼬리로 물속에서 빠르게 헤엄칠 수 있어요.
- 물고기, 새, 도마뱀과 작은 포유동물을 잡아먹어요.

무게가 약 450킬로그램으로 크로커다일에 비해 가벼워요.

누가 어디에 살까요?

크로커다일과 앨리게이터는 진흙투성이 늪과 개울에서 지내요. 앨리게이터는 주로 민물에 살고, 크로커다일은 소금기가 있거나 짠물에서 볼 수 있어요. 크로커다일은 대부분 아프리카, 인도, 중미와 남미를 포함한 열대 지역에서 살아요. 앨리게이터는 미국과 중국에 살고 있어요.

주둥이 찾아보기

이빨을 드러낸 동물마다 주둥이 모양이 다 달라요.

앨리게이터 …… 거북이 같은 먹잇감을 덥석 물려고 주둥이가 짧아요.

크로커다일 ……

인도악어 …… 물고기를 잡아먹으려고 주둥이가 더 길어요.

카이만 …… 물고기, 새, 껍질을 가진 동물을 으깨려고 주둥이가 짤막해요.

주둥이가 뾰족한 V 자 모양이에요.

짧은 칼처럼 생긴 이빨로 고기를 잡아 뜯어요.

가죽이 앨리게이터보다 밝은색이에요.

이빨을 드러내고 웃으면 위아래 이빨이 보이는데, 입을 꽉 닫고 있어도 이빨이 보여요.

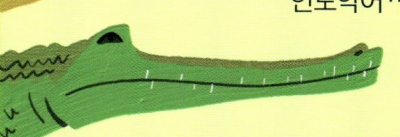

입을 꽉 닫으면 아래쪽 이빨이 보이지 않아요.

주둥이가 둥근 U 자 모양이에요.

원뿔 모양의 이빨로 먹이를 으깨요.

앨리게이터 악어 Alligator

앨리게이터는 한입에 거북이의 껍질을 뚫을 정도로 이빨이 강해서 한번 물리면 죽을 정도로 무시무시한 악어입니다. 사실 앨리게이터가 물어뜯는 힘은 북극곰보다 더 세요. 앨리게이터는 물속에서 몇 시간 동안 숨을 참은 채 먹잇감을 공격하려고 기다릴 수 있어요.

가죽이 짙은 녹색과 검은색이에요.

누가 더 빠를까요?

육지와 물속에서 경주하면, 더 가볍고 빠른 앨리게이터가 크로커다일을 이길 거예요. 둘 다 다리가 짧아서 짧은 거리에 강한 단거리 선수입니다.

개구리와 두꺼비

펄쩍 뛰는 이들 양서류는 어떻게 구별할까요?
개구리는 피부가 축축하고 매끈매끈한데, 두꺼비는 울퉁불퉁 말라 있어요.

개구리

개구리 Frog

첨벙! 어떤 개구리는 평생 물속에서만 살기도 해요. 개구리는 힘 있는 뒷다리와 발가락에 달린 물갈퀴로 헤엄을 아주 잘 쳐요. 청개구리는 나무에 사는 것을 더 좋아하죠.

다리가 아주 길어요. 머리와 몸통보다도 길어요.

멀리뛰기 챔피언이에요.

몸이 탄탄하고 호리호리해 보여요.

얼굴이 뾰족하게 생겼어요.

대부분 물 근처에서 지내요.

무엇이 같을까요?

- 개구리와 두꺼비는 물에 살아요.
- 둘 다 알에서 태어나서 올챙이가 된 다음에 성체로 변해요. 한살이에서 이런 변화를 '변태'라고 해요.
- 이들은 개굴개굴, 깩깩 울어요!
- 둘 다 혓바닥을 불쑥 내밀어서 파리와 다른 곤충을 잡아먹어요. 어떤 개구리와 두꺼비는 혓바닥이 끈적끈적해요.

범고래와 고래상어

이들 동물은 둘 다 바다에 살고 있지만, 이름과 달리 하나만 고래입니다!
어느 쪽이 고래인지 알고 있나요?

무엇이 같을까요?

- 둘 다 먹이 사슬에서 최상위에 있는 동물들이에요. 그래서 다른 동물이 사냥하지 못해요.
- 이들은 먹이를 찾으러 아주 먼 거리를 헤엄쳐요.
- 지느러미발과 지느러미 덕분에 물속에서 빨리 헤엄칠 수 있어요.

범고래 Killer whale

범고래는 고래의 한 종류예요. 고래는 포유류라서 숨을 쉬려면 물 위로 나와야 해요. 범고래는 바다사자를 통째로 삼킬 정도로 사나운 사냥꾼이에요! 범고래는 최대 30마리가 무리 지어서 함께 살며 사냥해요.

고래상어

세계에서 가장 큰 물고기로 버스보다도 길어요.

힘을 아끼려고 아주 느리게 헤엄쳐요.

보통은 크기가 고래상어의 절반만 해요.

가장 빠른 해양 동물 중의 하나로, 올림픽 수영 선수보다 7배나 빨라요.

고래상어 Whale shark

고래상어는 상어의 하나로, 고래가 아니라 어류입니다. 온순한 고래상어는 헤엄치면서 먹어요. 아주 넓은 입을 열었다 닫으며 작은 동식물인 플랑크톤을 엄청나게 많이 빨아들여요. 입안에는 커다란 체와 같은 막이 있어서 바닷물에서 먹이를 걸러 냅니다.

아름다운 반점과 줄무늬가 있는 비늘로 덮여 있어요.

누가 어디에 살까요?

고래상어는 인도양, 태평양, 대서양의 따뜻한 바닷물에 살고 있어요. 범고래는 모든 바다에 살지만, 남빙양과 북태평양의 차가운 바닷물을 더 좋아해요.

상어 찾아보기

귀상어는 망치 모양의 머리로 먹잇감을 발견해요.

황소상어는 다른 상어를 죽일 정도로 사나운 사냥꾼이에요.

백상아리는 스테이크 칼처럼 이빨이 들쭉날쭉해요.

범고래

최대 56개나 되는 원뿔 모양의 날카로운 이빨로 먹이를 공격할 수 있어요.

피부의 검은색과 흰색 무늬는 어두운 물속에서 눈에 띄지 않게 도와줘요.

범고래는 '흰줄박이물돼지'라고도 불러요.

고래 찾아보기

대왕고래는 지구에서 가장 큰 동물이에요.

일각돌고래는 뿔처럼 길게 뻗은 엄니 때문에 '바다의 유니콘'이라고 불러요.

향유고래는 동물 중에서 뇌가 가장 커요.

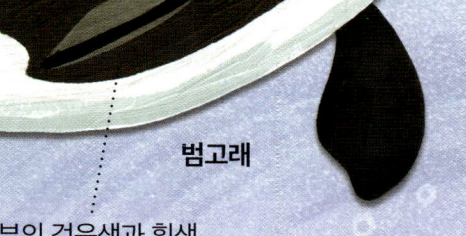

300개가 넘는 줄에 작은 이빨이 3,000개 이상 있어요.

눈에 눈을 보호하는 작은 돌기가 나 있어요.

누가 더 오래 살까요?

범고래는 최대 90년을 살 수 있고, 고래상어는 150년까지 살 수 있어요. 오늘날 헤엄치는 고래상어가 1800년대 말에 태어났을지도 모른다고 생각해 봐요!

홍학과 황새

홍학과 황새는 다리가 길고, 목도 길고, 부리도 긴 새이지만, 홍학은 몸이 온통 분홍색이에요.

홍학 Flamingo

홍학이 떼를 지으면 무척 화려해요. 둥지를 트는 시기에, 홍학은 목을 쭉 뻗고 머리를 돌리며 때맞춰 걸으면서 떼를 지어 눈부신 춤을 춰요.

목과 다리를 쭉 뻗고, 날개는 항상 퍼덕거리며 날아요.

추위, 가뭄, 홍수, 사람을 피해서 먼 거리를 날아가요.

부리는 바나나처럼 굽어 있어요. 홍학은 잡은 작은 동식물을 걸러 내려고 머리를 거꾸로 숙여요.

홍학

가장 큰 홍학은 145 센티미터로, 9살짜리 아이와 키가 비슷해요.

홍학은 수생 식물과 새우를 먹어서 깃털이 분홍색으로 변해요.

무엇이 같을까요?

- 둘 다 얕은 물에 서서, 물고기와 개구리와 곤충을 잡아먹으려고 기다리는 섭금류 새입니다.
- 이들은 먹이를 찾으려고 길고 가느다란 다리로 물을 휘저어요.
- 둘 다 아주 기다란 부리로 먹이를 퍼 담아요. 때로는 부리로 먹이를 콕 찌르기도 해요.
- 이들은 종종 한쪽 다리로 서서 힘을 아끼며 따뜻하게 쉬어요.

황새 Stork

황새는 대부분 떼 지어 살지만, 짝지어서 둥지를 틀기도 해요. 로마 시대에는 황새가 지붕에 둥지를 틀면 행운이라고 생각했어요.

겨울에는 황새가 따뜻한 날씨를 찾아 남쪽으로 수천 킬로미터를 날아가요.

날면서 목과 다리를 쭉 뻗어요. 날개를 마구 퍼덕거리다가 날아올라요.

둥지 찾아보기

홍학과 황새는 장소에 따라 다른 재료로 둥지를 지어요.

물가에 사는 홍학 떼는 진흙더미로 둥지를 지어요.

황새 한 쌍은 나무나 지붕 위에 나뭇가지로 커다란 둥지를 지어요.

황새

곧은 부리는 다리와 어울리는 빨간색이에요.

가장 큰 홍학보다 조금 작아요.

날개 끝이 검고 깃털은 흰색이에요.

누가 가장 큰 소리로 울까요?

홍학이 시끄러워요! 끼룩끼룩, 딱딱, 꿍꿍거리며 울어요. 황새는 노래하거나 울지는 않지만, 다른 황새에게 인사하려고 부리로 달가닥거려요.

누가 어디에 살까요?

둘 다 석호(모래사장이 만의 입구를 막아 바다와 분리되어 생긴 호수)와 호수, 그리고 강이 범람하면 물에 잠기는 땅인 습지에 살아요. 홍학은 남미, 중미, 아프리카, 중동에 살고 있어요. 대부분 황새는 아프리카, 아시아, 유럽에 살아요.

벌과 말벌

윙윙거리는 두 곤충을 빠르게 구별하는 방법은 뭘까요? 벌은 둥글고, 다리에 털이 많아요. 말벌은 가는 허리와 매끈한 다리에 미사일처럼 생긴 몸을 가졌어요.

누가 어디에 살까요?
말벌과 벌은 추운 남극만 빼고, 거의 어디에나 살고 있어요. 번식하는 데 필요한 꽃이 근처에 있다면, 말벌이나 벌을 찾아볼 수 있어요.

벌 Bee
벌은 이 꽃 저 꽃으로 윙윙거리며 꿀과 황금색 가루인 꽃가루를 모아서 새끼에게 먹여요. 벌은 새로운 씨앗이 자랄 수 있도록 꽃 사이에서 꽃가루를 옮겨 주므로 '수분 매개자'라고 불러요.

뒤영벌
(꿀벌과의 벌)

- 몸이 둥글고 털이 많아요.
- 추운 날에는 털로 몸을 따뜻하게 유지하죠.
- 기다란 주둥이로 달콤한 꿀을 빨아들여요.
- 몸 끝에 기다란 벌침이 있어요.
- 꿀벌은 침을 쏜 뒤에 죽지만, 뒤영벌은 죽지 않아요.
- 털이 많은 납작한 다리에 달린 '꽃가루주머니'에 꽃가루가 묻어요.

무엇이 같을까요?
- 윙윙, 윙윙… 둘 다 날 때 윙윙거려요. 날개 두 쌍이 퍼덕거리며 내는 소리예요.
- 이들은 꽃에서 나는 달콤한 즙인 꿀을 마셔요.
- 둘 다 위협을 받으면 벌침을 쏴요. 곤충에게는 사람이 거인처럼 크니까, 곤충이 근처에 있으면 침착하세요.

말벌 Wasp

말벌은 나쁘다는 소문이 있지만 자연에 도움을 주기도 해요. 말벌도 벌처럼 식물을 가루받이하는 것을 도와주거든요. 다 자란 말벌은 꿀, 달콤한 수액, 열매를 먹지만, 새끼에게 많은 곤충을 먹일 정도로 곤충에게 심상치 않은 포식자이기도 해요.

말벌과 벌 찾아보기

말벌

- 몸은 가늘고 길며, 허리가 잘록해요.
- 씹는 입
- 화려한 줄무늬로 '난 위험해'라고 경고해요.
- 하늘을 날 때 대롱거리는 둥글고 매끈한 다리가 있어요.
- 침을 여러 번 쏠 수 있어요.

꼬마쌍살벌(말벌과의 벌)은 나무를 씹어서 둥지를 지어요.

장수말벌은 세계에서 가장 큰 말벌이에요. 크기가 사람의 새끼손가락만큼 길어요.

땀벌(꼬마꽃벌과의 벌)은 사람의 몸에서 나는 짠 땀을 마셔요.

누구 둥지가 가장 클까요?

말벌 집에는 약 6천 마리의 말벌이 있어요. 뒤영벌 벌집에는 최대 500마리가 있어요. 하지만 꿀벌 벌집에는 약 6만 마리가 있을지도 몰라요.

73

누가 누구일까요?

나비와 나방
둘 다 퍼덕거리며 날아요.

나비(Butterfly)
- 방망이 모양의 더듬이가 있어요.
- 날개를 접은 채 쉬어요.
- 낮에 활동해요.

나방(Moth)
- 깃털 모양의 더듬이가 있어요.
- 날개를 펴고 쉬어요.
- 보통 밤에 활동해요.

아르마딜로와 개미핥기
이들 동물은 비슷하게 생겼지만, 아무 관계가 없어요.

아르마딜로(Armadillo)
땅돼지라고도 알려져 있어요.
- 아프리카에 살아요.
- 끈적끈적한 혓바닥은 길이가 최대 30센티미터로, 막대자와 비슷한 길이에요.
- 하룻밤에 최대 5만 마리의 개미와 흰개미를 잡아먹어요.

큰개미핥기(Giant anteater)
'개미곰'이라고도 해요.
- 하룻밤에 흰개미와 개미를 최대 3만 5천 마리 잡아먹어요.
- 중남미에 살아요.
- 끈적거리는 혓바닥은 길이가 60센티미터가 넘어요.

바닷가재와 게
바닷가재와 게는 둘 다 갑각류에 속해요.

바닷가재(Lobster)
- 때로는 몸통보다 길 정도로 집게발이 커요.
- 길고 좁은 몸에 꼬리가 넓어요.
- 바다 밑바닥에 살아요.

게(Crab)
- 작은 집게발
- 물속과 육지에 살아요.
- 더 둥글고 넓은 몸

타조와 에뮤
둘 다 날 수 없는 큰 새입니다.

타조(Ostrich)
세계에서 가장 크고 빠르게 달리는 새입니다.
- 높이 약 2.7미터로, 키가 사람보다 훨씬 더 커요.
- 날개가 엄청나게 커요.
- 발가락이 두 개 있어요.
- 아프리카에 살아요.

에뮤(Emu)
- 키 높이가 약 1.7미터예요.
- 날개가 더 작아요.
- 호주에 살아요.
- 발가락이 세 개 있어요.

이렇게 비슷하게 생긴 동물을 구별할 수 있나요?

아프리카코끼리와 아시아코끼리

둘 다 무리 지어 살며, 가장 나이 많은 암컷이 대장을 맡아요.

아프리카코끼리(African elephant)
아프리카코끼리는 사바나코끼리와 둥근귀코끼리 두 종류가 있어요.

- 큰 귀
- 암컷과 수컷은 둘 다 상아가 있어요.
- 아프리카에 살아요.

아시아코끼리(Asian elephant)

- 더 작은 귀
- 아프리카코끼리보다 작아요.
- 몇몇 수컷은 상아가 있어요.
- 아시아에 살아요.

미어캣과 프레리도그

둘 다 항상 경계해요.

미어캣(Meerkat)
고양이가 아니에요.

- 아프리카 초원에 살아요.
- 독사와 전갈을 먹는 육식 동물이에요.
- 종종 다른 동물의 땅속 집을 빌려 써요.

프레리도그(Prairie dog)
강아지가 아니에요.

- 북미 초원에 살아요.
- 적에 따라 짖는 소리가 달라요.
- 초식 동물이며 곤충도 조금 먹어요.
- 스스로 땅을 파서 집을 만들어요.

문어와 오징어

둘 다 머리가 좋아요.

문어(Octopus)

- 둥근 몸
- 여덟 개의 팔
- 빨판이 팔에 쭉 있어요.
- 대왕문어는 세계에서 가장 큰 문어예요. 팔 길이가 최대 9미터로, 키 큰 사람 다섯 명이 쭉 누울 정도로 길어요.

오징어(Squid)
대왕오징어는 길이가 약 13미터로 엄청나게 큰 오징어예요.

- 촉수 끝에 빨판이 있어요.
- 삼각형의 몸
- 팔이 여덟 개에 촉수가 두 개 있어요.

75

진짜 헷갈리는 동물

돌고래와 쇠돌고래

이 똑똑한 포유동물은 정말로 구별하기가 힘들어요.

돌고래(Dolphin)
- 등지느러미가 더 크고 굽어 있어요.
- 주둥이가 길고 입이 넓어요.
- 돌고래는 이를 딱딱 맞부딪치며 쌕쌕거려요.
- 주로 깊고 따뜻한 바다에 살고 있어요.

쇠돌고래(Porpoise)
- 삼각형 모양의 등지느러미가 있어요.
- 주둥이가 납작하고 입이 더 작아요.
- 주로 얕고 추운 바다에 살고 있어요.

독수리와 매

둘 다 날카로운 발톱이 달린 발로 먹이를 휙 낚아채요.

독수리(Eagle)
- 일반적으로 매보다 훨씬 커서 날개 폭이 더 넓어요.
- 흰머리수리는 시간당 150킬로미터 이상으로 빠르게 내려올 수 있어요. 경주용 자동차만큼이나 빨라요.
- 주로 아주 높은 음으로 삑삑 소리를 내요.

매(Hawk)
- 주로 귀에 거슬리는 빽빽 소리를 내요.
- 붉은꼬리말똥가리는 시간당 190킬로미터로 빠르게 하강할 수 있어요.

토끼와 산토끼

시골에서 해 질 무렵에 깡충깡충 뛰어다니는 토끼와 산토끼를 찾아봐요.

토끼(Rabbit)
땅속 토끼 굴에서 다른 토끼와 함께 살아요.

산토끼(Hare)
땅 위에서 혼자 살아요.

- 토끼보다 귀와 뒷다리가 더 길어요.
- 산토끼보다 작아서, 크기가 절반만 해요.
- 꼬리가 솜뭉치 같아요.

비단뱀과 보아뱀

이들 커다란 뱀은 먹이를 꽉 조여서 죽여요.

비단뱀(Python)
그물무늬비단뱀은 세계에서 가장 길이가 긴 뱀이에요.
- 학교 버스만큼 길어요.
- 아프리카, 아시아, 호주에 살고 있어요.
- 알을 낳아요.

그린아나콘다(Green anaconda)
보아과에 속하는 아나콘다는 세계에서 가장 큰 뱀이에요.
- 아메리카에 살아요.
- 수컷 고릴라만큼이나 무거워요.
- 새끼 뱀을 낳아요.

이들 동물이 실제로 어떤 차이가 있는지 알 수 있어요?

라마와 알파카

두 동물이 낙타과에 속한다는 사실을 알고 있나요?

라마(Llama)
대담하고 용감해서 혼자 또는 무리 지어 살아요.

- 긴 얼굴과 귀
- 두껍고 거친 양털
- 몸이 더 크고 키가 더 커요.

알파카(Alpaca)
온순하고 겁이 많아서 떼 지어 살아요.

- 귀는 짧고, 얼굴은 작고 납작해요.
- 텁수룩하고 부드러운 양털
- 몸이 더 작고 키가 더 작아요.

피라냐와 파쿠

이빨이다! 둘 다 이빨이 많아요.

붉은배피라냐(Red-bellied piranha)
길이가 약 30센티미터로, 막대자와 길이가 비슷해요.

- 보호를 위해 무리 지어 살고, 잡식성이에요.
- 날카로운 이빨이 서로 맞물려요.

파쿠(Pacu)
길이가 피라냐보다 최대 두 배나 길어요.

- 사람의 치아처럼 정사각형에 뭉툭한 이빨이 많아요.
- 주로 식물을 먹어요.

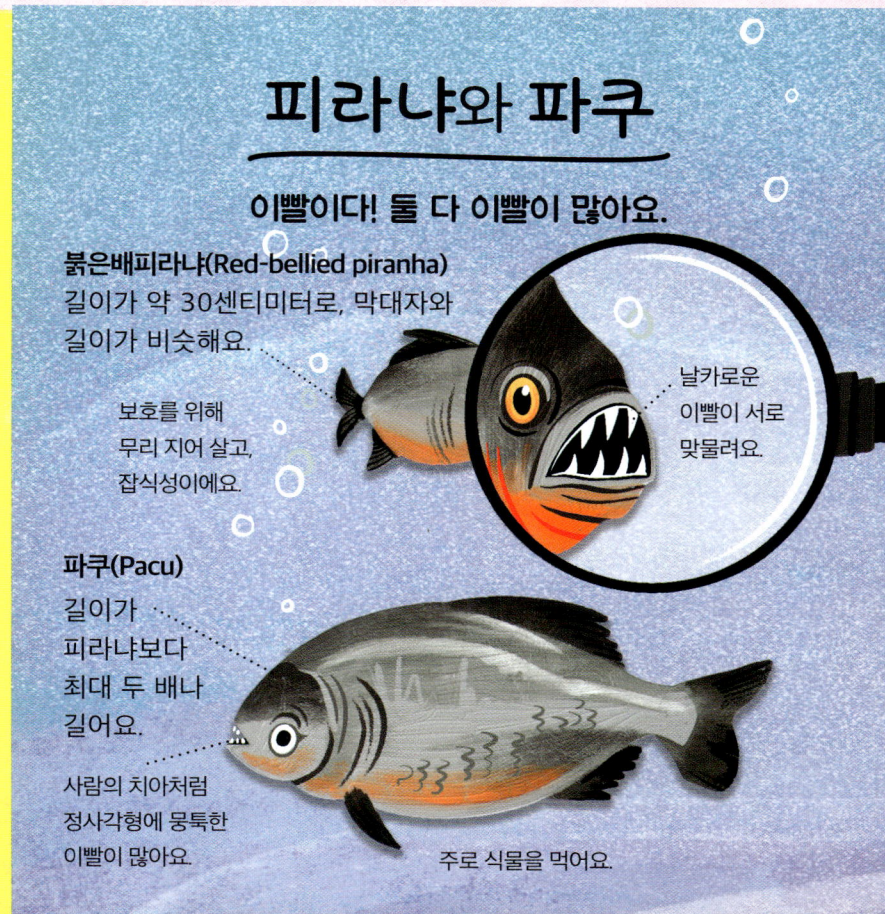

도마뱀과 도롱뇽

도마뱀은 파충류이고, 도롱뇽은 양서류입니다. 몇몇 종류의 도마뱀과 도롱뇽은 사람보다 커요.

도마뱀(Lizard)
- 목주름, 가시, 발톱을 찾아봐요.
- 주로 낮에 사냥해요.
- 귓구멍
- 거친 피부에 비늘이 있어요.
- 흔히 사막의 육지에서 많은 시간을 보내요.

도롱뇽(Salamander)
- 대부분 밤에 나와요.
- 귓구멍이 없어요.
- 매끈하고 축축한 피부
- 물에서 많은 시간을 보내요.

직업과 취미

대통령과 수상

대통령(President) 은 국가를 이끌어요.

수상(Prime minister) 도 마찬가지로 국가를 이끌어요.

직함은 국가를 다스리는 방식 (대통령제, 의원 내각제)에 따라 달라요.

박물학자와 자연주의자

주의하세요! 이 둘은 헷갈리지 않는 게 좋아요.

"난 자연과 동식물을 연구하는 전문가야."

박물학자 (Naturalist)

자연주의자·나체주의자 (Naturist)

"난 옷 입는 걸 좋아하지 않아!"

천문학자와 점성술사

천문학자(Astronomer) "난 별과 행성과 은하계를 연구하지."

점성술사(Astrologer) "난 태어난 날이 사람의 성격과 미래를 정한다고 믿어."

축구와 미식축구

세계의 많은 나라에서는 풋볼을 축구라고 불러요!

축구 (Football)
- 둥근 공
- 선수가 공을 차거나 헤딩해요.
- 골을 넣어서 득점해요.

미식축구 (American football)
- 길쭉한 공
- 선수가 공을 차거나 던져요.
- 점수를 얻어요.

바이올린, 첼로, 더블베이스

모두 오케스트라에서 활로 연주하는, 나무로 만든 현악기입니다.

바이올린 (Violin)

첼로 (Cello)

더블베이스 (Double bass)

작은 악기 ············→ 큰 악기
고음 ············→ 낮고 깊은 음

트라이애슬론과 데카슬론

트라이애슬론(Triathlon) 3종 경기

1.5킬로미터 수영 | 40킬로미터 자전거 타기 | 10킬로미터 달리기

데카슬론(Decathlon) 10종 경기

- 100미터 달리기
- 멀리뛰기
- 포환던지기
- 높이뛰기
- 400미터 달리기
- 110미터 장애물 뛰기
- 원반던지기
- 창던지기
- 장대높이뛰기
- 1,500미터 달리기

점성학에 관심 있어요? 아니면 천문학에 관심 있나요? 뭐가 뭔지 잘 모른다면, 계속 읽어 보세요.

색소폰과 클라리넷

둘 다 악기입니다.

색소폰(Saxophone)
손가락으로 키를 눌러 연주해요.
황동으로 만들어졌어요.
소리가 크고 맑아요.

클라리넷(Clarinet)
손가락으로 열린 구멍을 연주해요.
나무로 만들어졌어요.
소리가 부드럽고 따뜻해요.

수의사와 동물학자

수의사(Vet)
난 아픈 반려동물과 가축을 돌봐.

동물학자(Zoologist)
난 동물이 어떻게 사는지 연구해. 야생이나 실험실이나 동물원에서 일하지.

체스와 체커

둘 다 64칸짜리 판에서 하는 놀이예요.

체스(Chess)
상대편 왕을 잡거나 '체크메이트'를 하면 이겨요.
여왕, 기사, 비숍 등의 말이 있어요.

체커(Checkers)
상대편 말을 다 모으면 이겨요.
말이 둥글고 납작해요.

유도와 가라테

이들 경기는 무술이라고 해요.

유도(Judo)
상대방을 넘어뜨린 다음에 제어해서 움직이지 못하게 해요.

가라테(Karate)
발과 주먹으로 상대방을 차거나 찔러요.

곤충학자와 어원학자*

곤충학자(Entomologist)
난 곤충을 연구해.

어원학자(Etymologist)
난 말의 의미와 유래를 연구하지.

*우리말에서는 전혀 다르지만, 영어로는 헷갈리는 말이에요.

기타와 전기 기타

기타(Guitar)
크기가 더 커요.
자연스러운 소리

전기 기타(Electric guitar)
더 작아요.
앰프를 켜서 볼륨을 높여요.
전원에 연결해요.

79

음식

후루룩 소리와 트림

후루룩(Slurp)거리며 국수를 먹어요.

인사하려는데 트림(Burp)이 불쑥 튀어나와요.

공기가 들어감.

공기가 나감.

밀크초콜릿과 화이트초콜릿

밀크초콜릿 (Milk chocolate)

부드러운 갈색에 달콤해요.
코코아가 들어 있음.

화이트초콜릿 (White chocolate)

하얀색으로 더 달아요.
코코아 파우더가 없음. 따라서 공식적으로 초콜릿이 아님.

유연한 채식주의자오 엄격한 채식주의자

둘 다 어떤 음식은 먹어도, 다른 음식을 먹지 않는 사람이에요.

유연한 채식주의자 (Vegetarian)
- 고기나 생선을 먹지 않아요.
- 달걀, 우유, 치즈를 먹어요.

엄격한 채식주의자 (Vegan)
- 고기, 생선, 달걀, 우유나 치즈도 먹지 않아요.
- 채소, 견과와 콩을 즐겨 먹어요.

아이스크림과 셔벗

둘 다 꽁꽁 얼린 달콤한 간식이에요.

아이스크림 (Ice cream) 우유, 크림, 설탕으로 만들어요.

셔벗(Sherbet)

설탕, 물, 과일로 만들어요.

건포도, 설타나, 커런트

모두 다 말린 포도인데, 어떻게 구별할까요?

건포도 (Raisin)
- 흰 포도
- 갈색으로 약간 쭈글쭈글함.

설타나 (Sultana)
- 씨가 없는 흰 포도
- 통통하고, 포도즙이 있으며, 황금색이에요.

커런트 (Currant)
- 작고 붉은 포도
- 검은색으로 쪼글쪼글해요.

햄버거와 프랑켄버거

둘 다 빵에 케첩과 피클이 들어 있어요.

햄버거 (Hamburger) 소고기로 만들어요.

프랑켄버거 (Frankenburger) 실험실에서 가꾸어 기른 고기로 만들어요.

큰 그릇에 먹고 싶은 것은 뭐든지 담아서 먹을 수 있다고 상상해 봐요! 뭘 먹을 건가요?

포크와 스포크

포크 (Fork)
스푼 (Spoon)
스포크 (Spork)

음식을 콕 찍을 수 있게 끝이 갈라진 도구

포크와 스푼이 합쳐진 도구

런치와 브런치

둘 다 여러분이 먹는 식사입니다.

런치(Lunch)
하루 중간쯤에 먹어요.

브런치(Brunch)
아침 식사 후와 점심 전에 먹어요.

*'브런치(Brunch)'는 아침을 뜻하는 breakfast에서 나온 'br'과 점심을 뜻하는 lunch의 'unch'가 합쳐진 말이에요.

감자와 고구마

둘 다 땅속에서 자라는 뿌리채소예요.

감자 (Potato) — 속이 하얗거나 노란색이에요.

고구마 (Sweet potato) — 속이 밝은 주황색이에요.

치즈와 버터

치즈(Cheese)
우유 덩어리를 단단해질 때까지 눌러서 만들어요.

단단한 치즈는 버터보다 단단해요.

버터(Butter)
크림을 휘저어서 만들어요.

더 부드러워요.

과일과 채소

둘 다 우리가 먹는 식물이에요.

과일(Fruit)
식물에서 꽃이 있던 부분이에요.

씨앗이 들어 있음.

여기 과일에서 씨앗을 찾을 수 있나요?

채소(Vegetable)
식물의 뿌리, 줄기, 잎이에요.

잎
줄기
덩이뿌리
뿌리

소금과 후추

둘 다 음식에 풍미를 더해 줘요.

소금(Salt)
자연에서 발견한 화학 물질이에요.

바다와 소금 광산에서 나와요.

후추(Pepper)
후추는 식물에서 나온 후추 열매를 갈아서 얻어요.

실제로 어떤 차이가 있을까요?

신체

실제로 발과 겨드랑이 중에 어느 쪽이 더 간지러울까요? 둘 다 감각을 느끼는 신경 세포로 가득하지만, 보통은 발이 더 간지러워요! 이번 장은 아주 놀라운 신체에 관한 내용이에요.

여러분과 나

전 세계에는 아주 놀랍도록 다른 신체가 80억 개가 넘어요.
여러분의 몸도 포함되어요.

나와 여러분

우리는 무엇이 같고, 무엇이 다를까요? 모든 사람은 조금씩 달라요. 하지만 우리는 모두 사람이지요.

우리는 피부, 머리카락, 눈의 색이 서로 달라요.

몸의 생김새와 크기가 다 달라요.

어떤 사람은 늙고, 어떤 사람은 젊고, 어떤 사람은 그 중간이에요.

많은 사람은 병을 앓고 있어요. 우리 몸은 다르게 움직일 수 있어요.

안팎으로 하나하나의 몸은 모두 다 특별해요.

우리는 서로 얼마나 비슷할까요?

아주 많이 비슷해요. 우리 인간을 구성하는 물질인 유전자는 사람마다 99.9퍼센트 같아요.

어떤 사람은 몸이 건강하고, 어떤 사람은 장애가 있어요.

동공과 홍채

동공(눈동자)과 홍채는 둘 다 눈의 일부입니다.

동공 Pupil

눈 한가운데에 있는 검은 원이에요. 놀랄 준비가 되었나요? 동공은 구멍이에요.

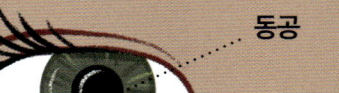
동공

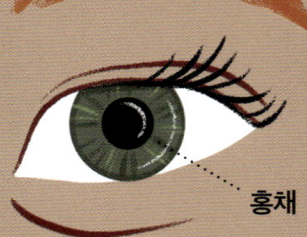
홍채

홍채 Iris

홍채는 눈에서 색깔이 있는 부분이에요. 홍채의 근육은 동공의 크기와 눈에 들어 오는 빛의 양을 조절해요. 어둡고 빛이 별로 없으면 홍채가 동공을 더 크게 만들어요. 밝으면 홍채가 동공을 더 작게 만들어요.

눈으로 어떻게 볼까요?

먼저 동공을 통해 빛이 눈에 들어와요.

동공 뒤에는 수정체가 있어요. 빛이 수정체를 통해 눈 뒤쪽의 망막에 초점이 맞히면, 거기에서 전기 신호로 바뀌어요.

전기 신호는 시신경을 통해 뇌로 이동해서 우리가 보는 세상의 그림으로 바뀌어요.

넌 눈이 무슨 색이야?

초콜릿 갈색, 하늘빛, 녹색인가요? 어떤 색이든지 간에 홍채의 정확한 음영과 무늬는 여러분만의 특징이에요. 마치 지문처럼요. 그런 음영과 무늬는 하나밖에 없거든요.

바깥귀와 속귀

쉿! 소리는 바깥귀(외이)를 거쳐 가운데귀(중이)에서 속귀(내이)로 이동해요.

바깥귀 Outer Ear

바깥귀에서는 특히 큰 조개처럼 생긴 귓바퀴를 볼 수 있어요. 귓바퀴로 왁자지껄 시끄러운 온갖 소리를 모두 들어요.

속귀 Inner Ear

가운데귀나 속귀는 머리 안쪽에 있어서 볼 수가 없어요. 거기에서 공기의 흔들림, 즉 진동을 뇌에 보내서 소리를 들어요.

소리의 이동 과정

1. 귓바퀴가 소리의 파장을 퍼 담아요.

2. 이 진동이 바깥귀길을 따라 이동해요.

3. 그다음에 고막을 흔들고….

4. 가운데귀 뼈가 진동을 잡아요.

5. 속귀에서 진동이 전기 신호가 되어요.

6. 신경을 따라 재빨리 뇌로 이동한 다음에….

7. 소리로 들어요!

몸에서 가장 작은 뼈는 어디에 있을까요?

가운데귀에 있는 등골이에요. 크기가 쌀알만 해요.

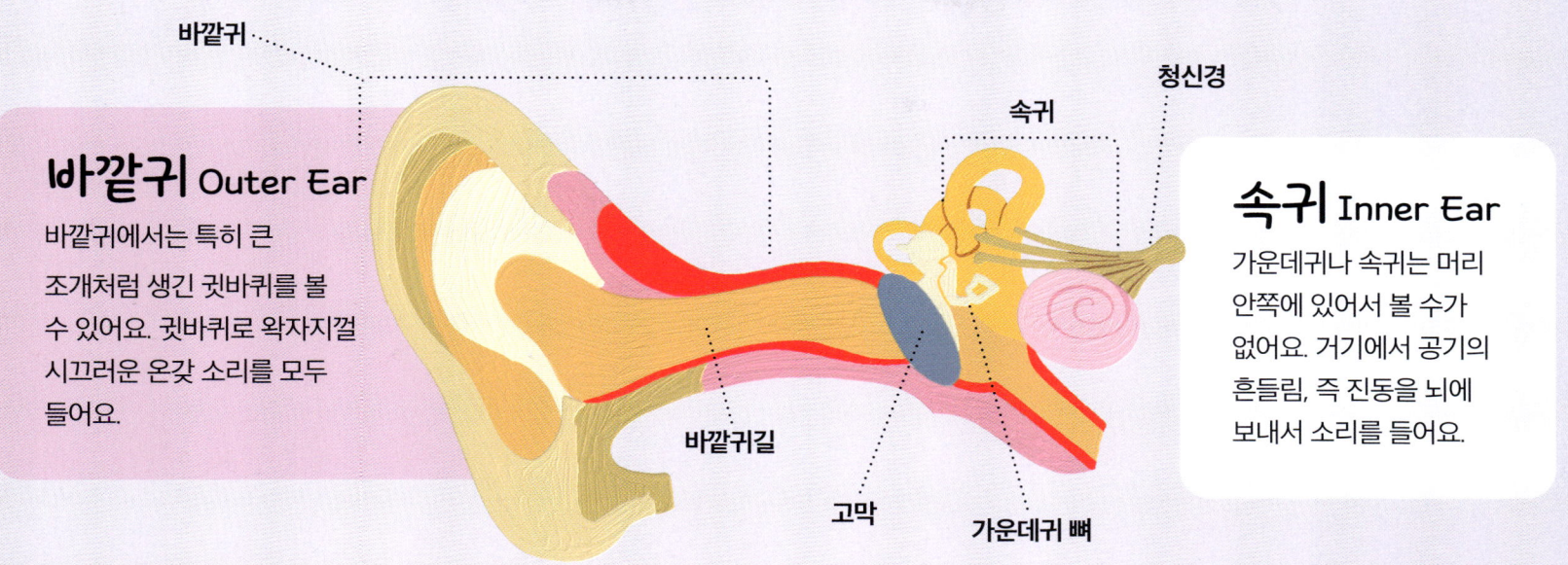

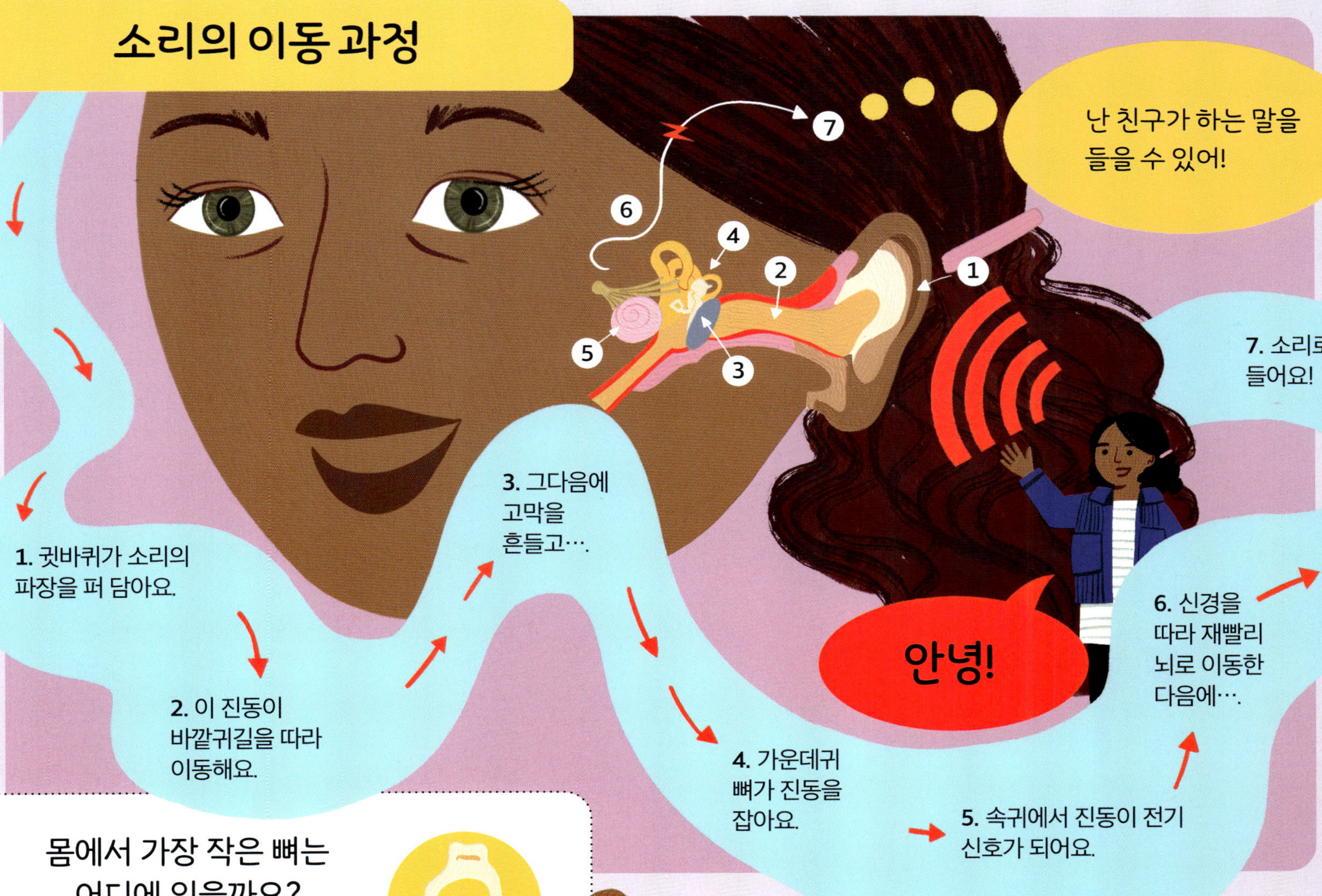

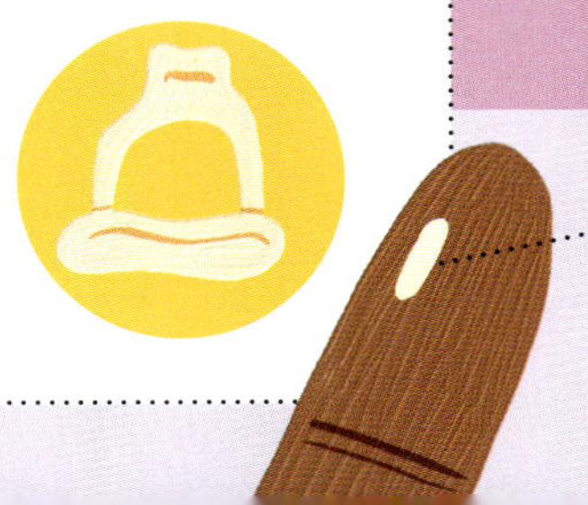

코와 콧구멍

코에 관해 얘기해 볼까요?

"제발 코를 파지 마!"

코 Nose
코는 숨을 쉬고 냄새를 맡도록 도와줘요. 코 위쪽은 뼈로 만들어졌고, 아래쪽은 연골이라는 휘어지기 쉬운 물질로 만들어졌어요.

콧구멍 Nostril
콧구멍은 코에 있는 두 구멍이에요. 콧구멍은 비강을 통해 입 뒤쪽으로 이어져요. 여기서부터 기관이라는 관을 통해 폐로 이어져요.

- 냄새 감지기
- 비강
- 유연한 연골
- 콧구멍
- 입천장
- 입 뒤쪽
- 기관
- 혀

비강은 공기가 고속 도로처럼 몸에 들어왔다 나가는 길이에요.

최고 기록의 코골이는 얼마나 시끄러울까요?
고막이 찌어질 듯한 112데시벨(음의 세기를 나타내는 단위)에 달해요. 제트기가 저공으로 날아갈 때 나는 소리만큼이나 시끄러워요!

코의 5가지 기능

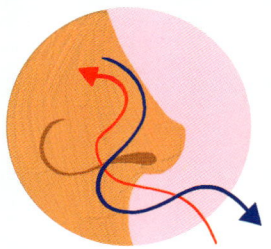

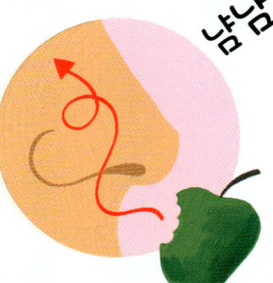
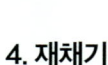

1. 호흡
콧구멍으로 신선한 공기가 들어오고, 탁한 공기가 나가요.

2. 냄새 맡기
콧속에서는 400종류의 냄새 수용체가 뇌에 신호를 보내요.

3. 맛보기
후각은 맛을 보게 도와주기도 해요.

4. 재채기
최대 시속 160킬로미터로 콧물, 먼지, 흙을 재채기로 내보내요. 고속 도로에서 달리는 자동차보다 빠른 속도예요.

5. 코골이
자면서 드르렁 코 고는 소리가 콧구멍으로 나와요.

앞니와 송곳니

둘 다 치아의 종류예요.

앞니 Incisor

앞니는 물기에 좋은 평평한 치아예요. 사과를 씹기에 딱 좋아요. 앞니는 입 앞쪽에 있어요.

송곳니 Canine

송곳니는 음식물을 찢는 뾰족한 치아예요. 빵을 찢기에 아주 좋아요. 송곳니는 입에서 약간 뒤쪽에 있어요.

누가 누굴까?

다양한 종류의 치아는 각자 하는 일이 특별해요.

앞니 자르는 치아

송곳니 찢는 치아

소구치(작은어금니) 가는 치아

대구치(큰어금니) 으깨는 치아

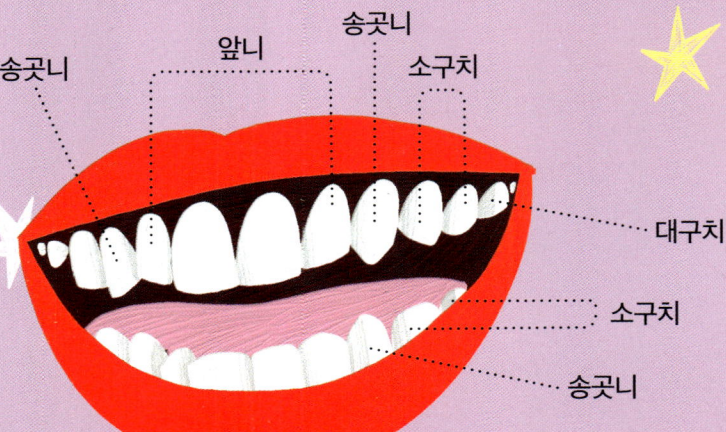

성인이 되면, 치아가 총 32개가 되어요.
- 앞니 8개
- 송곳니 4개
- 소구치 8개
- 대구치 12개

치아 뿌리는 치아를 턱뼈에 단단히 고정시켜 줘요.

양치질하는 데 얼마나 걸릴까요?

하루에 두 번 양치질하면 몇 분 정도 걸리지만, 다 합하면 꽤 되죠. 평균적으로 사람은 평생 양치질하는 데 약 38일이 걸려요.

뼈

뼈는 몸의 모양을 만들고, 안쪽의 연한 곳을 보호해 줘요. 뼈는 몸을 움직일 수 있게 하는 관절이란 곳에서 서로 만나지요. 몸의 뼈를 다 합쳐서 뼈대(골격)라고 해요.

경첩 관절과 구상 관절

움직여 봐요! 여러 관절은 각각 다르게 움직여요.

움직여!

- 머리뼈(두개골) — 뇌를 보호해요.
- 손목 관절
- 어깨 관절
- 갈비뼈 — 심장과 폐를 보호해요.
- 팔꿈치 관절
- 엉덩 관절(고관절)
- 등뼈(척추) — 몸을 지지해요.
- 무릎 관절
- 발목 관절

경첩 관절
Hinge Joint

팔꿈치는 경첩 관절이에요. 경첩 관절은 위아래로 움직이지만, 빙 돌리지는 못해요. 한쪽 뼈를 다른 뼈에 끼워 넣으면, 열렸다 닫히는 문에 달린 경첩처럼 팔이 움직여요.

구상 관절
Ball-and-Socket Joint

어깨는 구상 관절이에요. 어깨에 있는 뼈 하나는 공처럼 생겼어요. 다른 뼈는 공처럼 생긴 뼈가 들어갈 컵 또는 구멍처럼 생겼어요. 그래서 팔이 회전도 하고, 위아래, 앞뒤, 좌우로 움직일 수 있어요.

근육과 힘줄

삼단뛰기를 해 봐요! 근육과 힘줄은 몸이 움직이게 도와줘요.

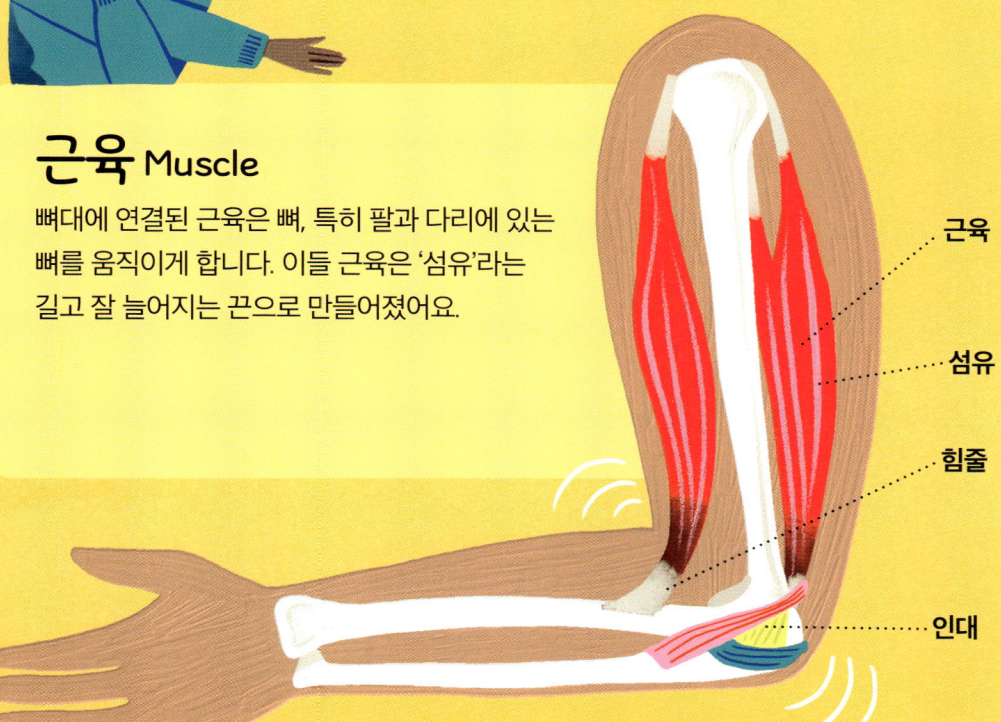

근육 Muscle

뼈대에 연결된 근육은 뼈, 특히 팔과 다리에 있는 뼈를 움직이게 합니다. 이들 근육은 '섬유'라는 길고 잘 늘어지는 끈으로 만들어졌어요.

- 근육
- 섬유
- 힘줄
- 인대

힘줄 Tendon

힘줄은 근육을 뼈에 연결하는 튼튼한 끈이에요. 근육을 조이면, 힘줄이 뼈를 당겨서 그 부분의 몸이 움직여요.

인대가 뭐예요?
인대는 힘줄과 약간 비슷하지만, 근육을 뼈에 연결하지 않고, 뼈와 뼈를 연결해요.

팔을 구부리는 법

근육은 짝을 이루는 콤비처럼 한 쌍으로 움직여요! 팔을 구부렸다가 쫙 펴려면, 이두근과 삼두근이 친구처럼 함께 움직여요.

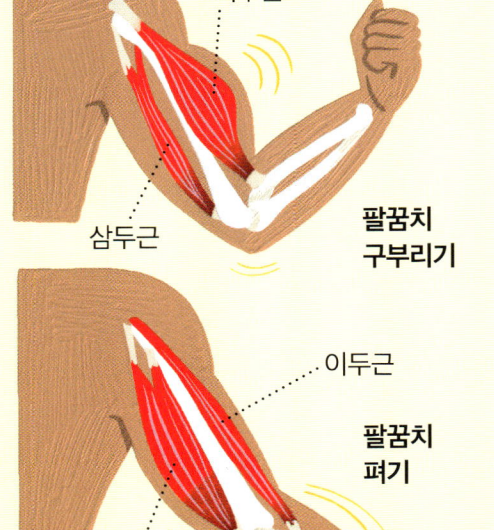

팔꿈치 구부리기
이두근이 짧아지면서 아래팔을 당겨요. 삼두근은 이완하죠.

팔 펴기
삼두근이 짧아져요. 그사이에 이두근이 이완하면서 길어져요.

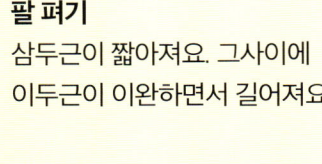
몸을 구부려 봐!

몸에서 가장 큰 근육은 어디에 있을까요?
엉덩이에 있는 큰볼기근 덕분에 우리는 몸을 똑바로 세울 수 있어요. 이 큰 근육은 상체를 지탱하는 중요한 역할을 해요.

동맥과 정맥

동맥과 정맥이 온몸으로 혈액을 운반하는 도로라고 생각해 봐요.

심장은 하루도 빠짐없이 온몸으로 혈액을 순환하고 있어요. 동맥, 정맥, 모세혈관은 엇갈리며 온몸을 돌아다니면서 혈액을 전달해요. 이들을 혈관이라고 불러요.

잘 돌고 있군!

동맥 Artery
동맥은 산소가 풍부한 피를 심장에서 신체 각 부분으로 운반하는, 벽이 두꺼운 혈관이에요.

정맥 Vein
정맥은 산소가 부족한 피를 심장으로 다시 돌려보내는, 벽이 얇은 혈관이에요.

심장 · 동맥 · 정맥 · 모세 혈관

모세 혈관 Capillary
모세 혈관은 혈관 중에 가장 작아요.

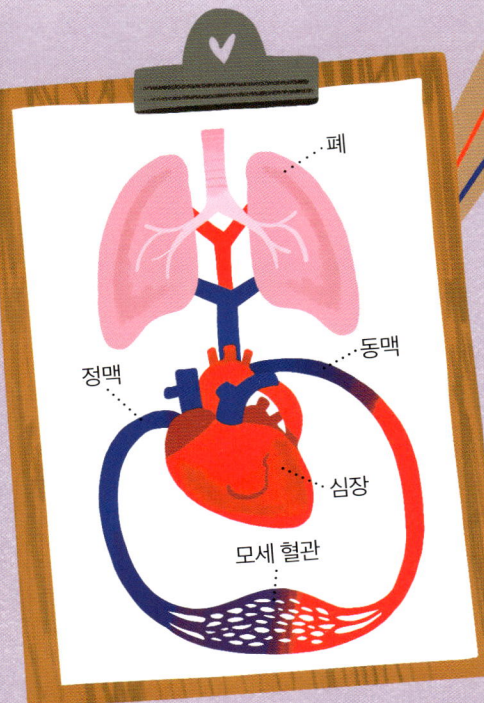

폐 · 동맥 · 정맥 · 심장 · 모세 혈관

혈액을 순환시키는 기관
심장은 혈액을 순환시키는 기관이에요. 심장은 폐와 함께 계속해서 혈액에 산소를 가득 채워요. 심장의 한쪽은 혈액을 폐로 보내서 산소를 흡수해요. 다른 쪽은 산소가 풍부한 혈액을 온몸으로 순환시켜요.

심장은 1분에 몇 번이나 뛸까요?
심장은 1분에 60~100번 뛰어요. 피가 온몸을 도는 데 약 60초가 걸리죠. 심장은 쉬지 않고 일하고 있어요.

적혈구와 백혈구

적혈구와 백혈구는 혈액에서 중요한 성분입니다.

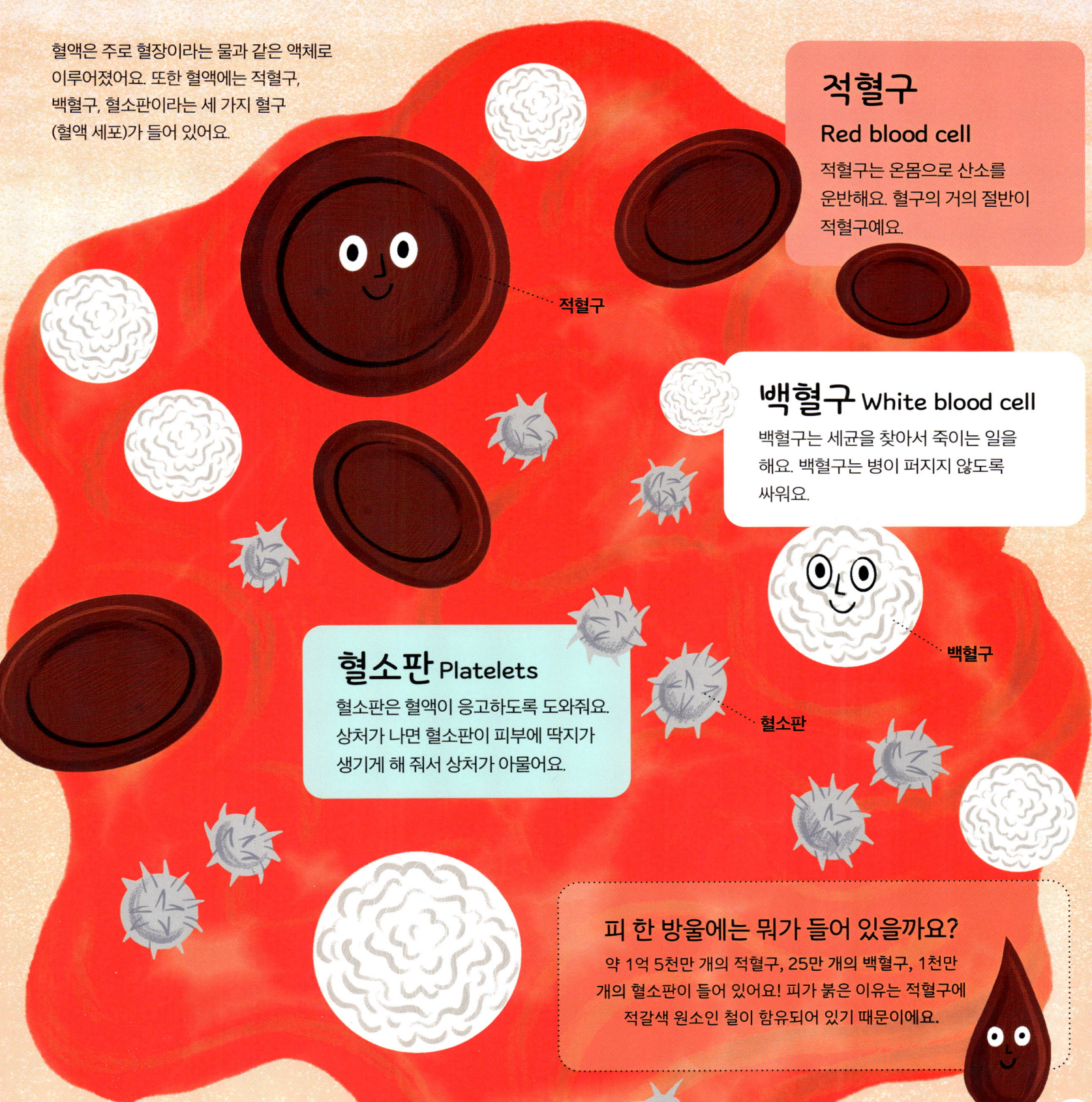

혈액은 주로 혈장이라는 물과 같은 액체로 이루어졌어요. 또한 혈액에는 적혈구, 백혈구, 혈소판이라는 세 가지 혈구 (혈액 세포)가 들어 있어요.

적혈구 Red blood cell

적혈구는 온몸으로 산소를 운반해요. 혈구의 거의 절반이 적혈구예요.

백혈구 White blood cell

백혈구는 세균을 찾아서 죽이는 일을 해요. 백혈구는 병이 퍼지지 않도록 싸워요.

혈소판 Platelets

혈소판은 혈액이 응고하도록 도와줘요. 상처가 나면 혈소판이 피부에 딱지가 생기게 해 줘서 상처가 아물어요.

피 한 방울에는 뭐가 들어 있을까요?

약 1억 5천만 개의 적혈구, 25만 개의 백혈구, 1천만 개의 혈소판이 들어 있어요! 피가 붉은 이유는 적혈구에 적갈색 원소인 철이 함유되어 있기 때문이에요.

위와 장

장은 하나가 아니에요.
대장과 소장 두 개가 있어요.

음식물은 몸에 좋은 성분인 영양분을 줘요. 샌드위치를 한 입 먹으면 음식물이 몸 안에서 여행을 시작하죠. 이를 소화라고 해요.

위 Stomach

위에는 음식물을 분해하도록 돕는 산성 액체가 가득해요. 샌드위치 한 입이 위에 들어오면, 위 근육이 음식물을 휘저으면서 으깨기 시작해요.

소장(작은창자)
Small intestine

소장이 영양분을 흡수하면, 영양분은 벽을 통해 혈액으로 스며들어 온몸으로 이동해요.

대장(큰창자)
Large intestine

음식물이 다 소화되면, 찌꺼기가 대장에 쌓여요. 여기서 많은 물이 혈액에 다시 흡수되어요.

위

····· 소장

····· 대장

소화관은 얼마나 길까요?
입에서 엉덩이까지 약 7미터의 소화관과 기관이 있어요. 대략 서너 명의 사람을 똑바로 세운 높이와 같아요.

소화 과정이 끝나면, 음식물 찌꺼기가 똥으로 나와요!

보건소와 병원

보통 아프면 **보건소(Health center)**에 가요. 의사나 간호사는 환자가 어디가 아픈지 알아보려고 노력해요.

위급한 경우에 환자는 **병원(Hospital)**에서 치료받아요. 여러 전문 의사들이 몸의 다른 곳을 돌봐 줘요. 한동안 병원에 머무르는 환자도 있어요.

엑스선과 초음파 검사

엑스선(X-ray)은 몸 안의 뼈를 찍어요.

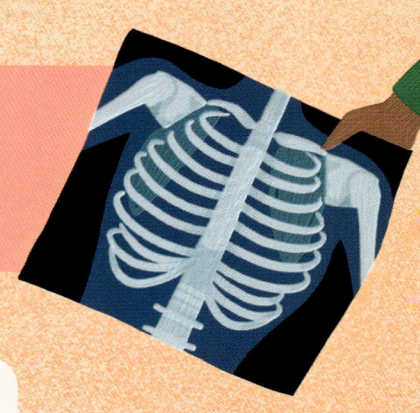

초음파 검사(Scan)는 몸 안의 기관이나 다른 연한 부분을 찍어요. 태아 초음파 검사는 뱃속 아기 사진을 찍어요.

박테리아와 바이러스

식중독은 해로운 박테리아나 바이러스에 의해 발생해요.

박테리아(Bacteria)와 **바이러스(Viruses)**는 둘 다 미생물로, 현미경으로 봐야만 보이는 작은 유기체예요. 사람에게 좋은 미생물도 있지만, 우리 몸을 아프게 하는 미생물도 있어요. 우리는 해로운 미생물을 세균이라고 불러요.

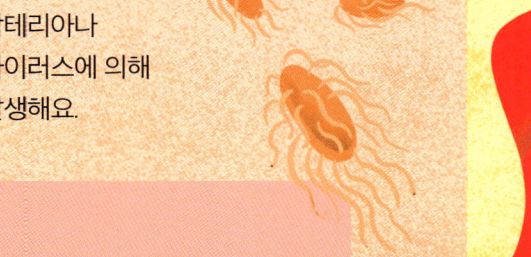

감기는 바이러스 때문에 걸려요.

항체와 항생제

항체(Antibodies)는 감염과 싸우는 몸 안의 천연 무기예요. 항체는 백혈구가 만들어요.

항생제(Antibiotics)는 나쁜 균이 몸에 퍼지지 않도록 막아 주는 약이에요. 항생제는 박테리아에만 효과가 있고, 바이러스에는 효과가 없어요.

역사

십 년과 세기

둘 다 역사에서 시간의 길이를 나타내는 말이에요.

십 년(Decade)은 10년을 가리켜요.

세기(Century)는 100년을 단위로 하는 기간이에요.

10년

100년

기원전과 서기

연도를 말할 때 쓰는 표현이에요.

기원전(BCE)은 일부 사람들이 예수가 태어났다고 믿는 해인 1년 이전의 연도에 쓰여요.

서기(CE)는 1년으로 시작하는 연도에 쓰여요.

지금이야!

기원전 2000년　　1년　　서기 2000년

CE = common era의 약자
BCE = before common era의 약자

선사 시대와 고대사

약 2백만 년 전에 **선사 시대(Prehistory)**가 시작되었어요.

그다음에 5천 년 전에 문자가 발명되었어요.

그 당시에 사람들이 어떻게 살았는지에 관한 기록은 없어요.

이때 **고대사(Ancient history)**가 시작했어요.

왕관과 티아라

왕관(Crown)
- 보석으로 장식한 금이나 은으로 된 원
- 왕이나 여왕임을 보여 줌.

티아라(Tiara)
- 보석으로 장식한 반원의 작은 왕관
- 신부나 중요한 사람이 씀.

속바지와 블루머

속바지(Knickers)나 팬티나 비키니 팬티는 편안해요.

블루머(Bloomers)는 옛날에 있던 속바지인데, 너무 커서 청바지 속에 입을 수가 없어요. 여자들은 100년 전에 긴 드레스 속에 블루머를 입었어요.

성과 궁전

성(Castle)
높은 벽으로 둘러싸인 요새입니다.

안쪽에 무기가 있고, 공격하기 어려워요.

보통 언덕 위에 있고, 물로 둘러싸여 있어요.

궁전(Palace)
아주 호화로운 집이에요.

보통 왕족을 위한 곳이에요.

"내일이 올 때쯤이면 오늘이 역사가 될 것이다."란 역사에 관한 재밌는 말이 있어요.

트라이아스기와 쥐라기

둘 다 역사의 시간대예요

트라이아스기 (Triassic)
2억 5,200만 년 전에 시작되었어요.

쥐라기 (Jurassic)
2억 백만 년 전에 시작되었어요.

최초의 공룡 시대

더 큰 공룡과 작은 포유류와 최초의 조류가 등장함.

고고학자와 유물

고고학자(Archaeologist)는 아주 오래된 물건인 유물(Artefacts)을 발굴해서 과거를 연구해요.

보물
도구
항아리

반바지와 청바지

과거와 오늘날에 유행했어요.

반바지(Breeches)
단추와 버클
무릎길이
긴 부츠나 양말과 버클 달린 신발과 함께 입어요.

청바지(Jeans)
지퍼
발목 길이
여러분은 청바지를 어떻게 입나요?

크리놀린과 버슬

크리놀린(Crinoline)
- 치마 속에 입는 커다란 틀
- 1800년대 중반에 입었어요.

버슬(Bustle)
- 치마 안에 입는 작은 허리받이
- 1800년대 말에 입었어요.

여제와 여왕

여제가 여왕보다 더 강력해요.

여제(Empress)
큰 제국의 여자 황제

여왕(Queen)
작은 왕국의 여자 왕

대포와 투석기

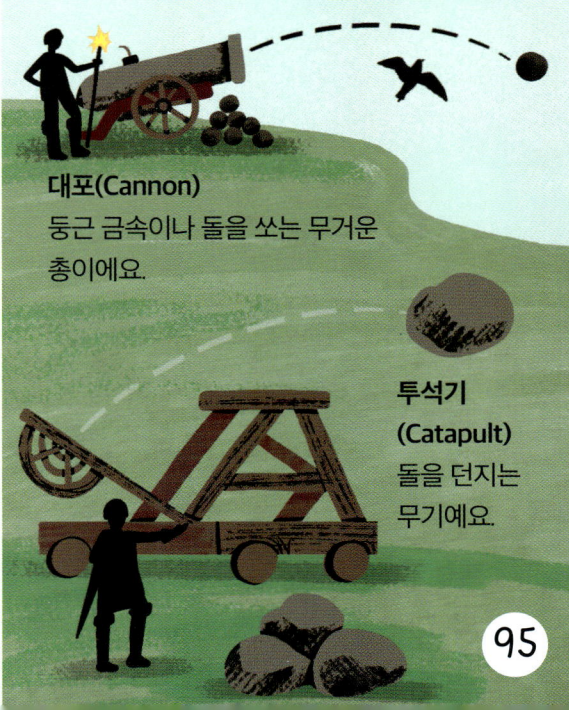

대포(Cannon)
둥근 금속이나 돌을 쏘는 무거운 총이에요.

투석기(Catapult)
돌을 던지는 무기예요.

다양한 주제

커스터드 옐로

레몬옐로 (밝은 노랑)

설인과 예티

둘 다 텁수룩한 유인원 같은 괴물이에요. 이들은 히말라야산맥을 돌아다녀요.

이들이 진짜 존재할까요? 과연 같은 괴물일까요?

> 만나서 굉장히 반가워.

> 아주 기뻐. 난 예티야.

설인(Abominable snowman)

예티(Yeti)

킥킥 웃음과 껄껄 웃음

과학자들은 웃을 때 어떤 일이 생기는지 알기 위해 웃음 측정기를 발명했어요!

킥킥 웃음 (Giggle)
- 조용히 작게 웃는 웃음
- 뺨이 위로 씰룩거림.

껄껄 웃음 (Belly laugh)
- 갑자기 세차게 나오는 웃음
- 몸을 흔들고 구부림.

무지개와 달무리

> 소원을 빌어 봐!

공기 중에 있는 물방울이 햇빛을 받으면 **무지개(Rainbow)**가 나타납니다.

> 매우 드물게 나타나지.

공기 중에 있는 물방울이 달빛을 받으면 **달무리(Moonbow)**가 나타납니다.

연필 콧수염과 핸들 콧수염

연필 콧수염(Pencil moustache)
연필처럼 곧게 뻗은 콧수염이에요.

핸들 콧수염(Handlebar moustache)
옛날 자전거 핸들처럼 양 끝이 위로 올라간 콧수염이에요.

페가수스와 유니콘

페가수스(Pegasus)
고대 그리스 신화에 나오는 날개 달린 말이에요.

유니콘(Unicorn)
뿔이 달린 마법의 말이에요.

반쯤 빈 잔과 반이 가득 찬 잔

두 물잔은 같아요. 단지 사물을 어떻게 보느냐에 따라 다르지요.

> 최악의 상황이 일어날지도 몰라.

> 잘 돼 가고 있어.

반쯤 빈 잔 (Half-empty)

반이 가득 찬 잔 (Half-full)

다음은 알쏭달쏭하지만 재밌고 다양한 단어와 사실입니다!

엘리베이터와 우주 엘리베이터

엘리베이터(Lift)
위로 올라가요!

우주 엘리베이터(Space-lift)
위로, 위로 쭉쭉 올라가요!

띵동! 원하는 층에 도착했어요.

우주 과학자는 우주에 도달하려고 케이블로 연결한 엘리베이터에 관한 계획을 연구하고 있어요.

우뇌와 좌뇌

뇌의 오른쪽인 **우뇌(Right side of brain)**는 몸의 왼쪽을 통제해요.

뇌의 왼쪽인 **좌뇌(Left side of brain)**는 몸의 오른쪽을 통제해요.

한 손으로 머리를 두드리고 다른 손으로 배를 문질러 봐요. 이제 손과 동작을 바꿔서 해 봐요. 헷갈리나요?

작가와 삽화가

여러분이 보는 이 책처럼…

작가(Author)가 글을 쓰고,

삽화가(Illustrator)가 그림을 그려요.

소설과 논픽션

책은 소설처럼 상상의 인물이 나오는 **꾸며 낸 이야기(Fiction)**일 수 있어요.

아니면 **사실로 가득한 정보(Non-fiction)**일 수 있어요.

시계 방향과 시계 반대 방향

둘 다 방향입니다.

시계 방향(Clockwise)은 시곗바늘과 같은 방향으로 움직여요.

시계 반대 방향(Anti-clockwise)은 뒤로 움직여요. 시곗바늘이 뒤로 간다고 상상해 봐요.

네쌍둥이와 다섯쌍둥이

쌍둥이=두 명의 아기

세쌍둥이=세 명의 아기

네쌍둥이=네 명의 아기

다섯쌍둥이=다섯 명의 아기

여섯쌍둥이=여섯 명의 아기

일곱쌍둥이=일곱 명의 아기

여덟쌍둥이=여덟 명의 아기

실제로 어떤 차이가 있을까요?

기술

실제로 세상에서 가장 작은 컴퓨터는 뭘까요? 마이크로-모트 컴퓨터는 크기가 쌀알보다 작아요. 이번 장은 뛰어난 과학과 기술에 관한 내용입니다.

인간과 로봇

친구가 로봇인지 어떻게 알 수 있을까요?

인간 Human
인간은 수조 개의 세포로 이뤄진, 살아서 숨 쉬는 존재입니다. 인간은 뇌가 있어서 생각하고 느껴요.

로봇 Robot
로봇은 뇌에 컴퓨터 칩을 넣고, 너트, 볼트, 전선으로 만들어진 기계입니다. 인간은 로봇에게 뭘 하라고 지시하거나 프로그램을 짜요.

우리 팀이 이겨서 기뻐!

- 나는 감정이 있어.
- 나는 에너지를 얻으려고 먹어.
- 나는 한 번에 많은 일을 하지.
- 같은 일을 여러 번 해서 완벽하게 하거나 한 번에 많은 일을 해냅니다.
- 나는 뭘 할지 선택해.
- 나는 오늘 밤은 쉬려고 잘 거야.

저는 항상 논리적입니다.

- 나는 감정이 없습니다.
- 에너지는 전기로 얻습니다.
- 인간이 지시하는 일을 합니다.
- 쉴 필요가 없습니다.

50년 후에는 로봇이 어떻게 될까요?
아주 똑똑해질 거예요. 과학자들은 로봇이 최첨단 기계 지능으로 발달할 거라고 봐요. 로봇은 생각하고 결정을 내릴 수 있을 거예요. 어떤 과학자들은 로봇이 인간보다 훨씬 똑똑해질 거라고 생각해요.

마이크로봇과 나노봇

마이크로봇과 나노봇은 아주 작은 기술 세계에 속해요.

마이크로봇
Micro-robot

마이크로봇(초소형 로봇)은 움직이는 아주 작은 로봇이에요. 1밀리미터도 채 되지 않아요. 마이크로봇은 눈으로 겨우 볼 수 있어요.

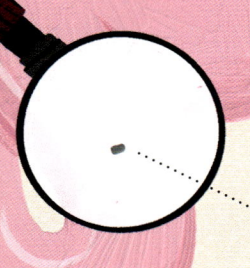

마이크로봇의 실제 크기

나노봇 Nanobot

나노봇은 나노 로봇이에요. 나노봇은 10억분의 1미터인 나노미터만큼 작아요. 나노봇을 보려면 현미경이 필요해요.

의료계 과학자들은 온몸에서 움직이며 질병을 정확히 찾아 약을 전달하는 다양한 마이크로봇을 개발하고 있어요.

마이크로봇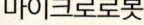

나노봇

나노미터*는 얼마나 작을까요?

책 모서리에서 이 종이의 두께를 느껴 봐요. 한 장은 두께가 약 10만 나노미터입니다.

나노봇은 실험실에서도 연구되고 있어요. 가령 '나노스위머'라는 나노봇은 혈관계를 통과할 수 있게 만든 나노 로봇이에요.

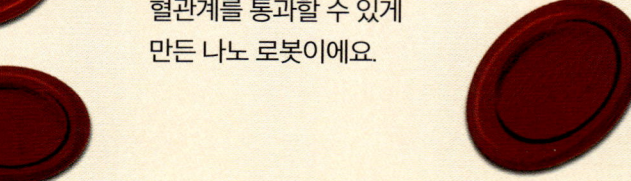

*1나노미터 = 1미터의 10억분의 1

하드웨어와 소프트웨어

하드웨어와 소프트웨어는 둘 다 컴퓨터에 관한 말이에요.

하드웨어 Hardware

키보드, 마우스, 화면처럼 보통 컴퓨터에서 눈으로 볼 수 있는 물리적인 부분을 하드웨어라고 불러요. 컴퓨터 내부에는 정보를 저장하는 하드 디스크 같은 하드웨어도 있어요.

소프트웨어 Software

소프트웨어는 컴퓨터에 뭘 하라고 지시하는 명령어가 모여 있는 거예요. 쓰기와 그림 그리기처럼 다양한 일을 하는 소프트웨어 프로그램이 있어요.

소프트웨어 프로그램은 다음과 같이 온갖 특별한 일을 하도록 도와줍니다.

최초의 하드 디스크는 얼마나 컸을까요?
장롱만큼 컸어요. 4MB(메가바이트, 컴퓨터 기억 용량 단위)의 정보를 저장할 수 있었는데, 오늘날 스마트폰에 저장한 사진 한 장의 용량과 거의 같아요.

인터넷과 인트라넷

클릭해서 연결해 봐요!

인터넷 Internet

인터넷은 엄청나게 크고 보이지 않아요. 지구에 있는 수십억 개의 컴퓨터와 전자 기기를 잇는 연결망이에요.

인터넷에는 상점, 컴퓨터 게임 사이트, 동물 자선 단체 등 수십억 개의 웹사이트가 있어요.

인터넷으로 이메일을 보내면, 메시지가 작은 정보들로 바뀌어서…

…전선이나 공중을 통해 컴퓨터에서 컴퓨터로 이동해서…

…마침내 친구의 컴퓨터에 도달해요.

스마트 안경이 뭔가요?

과학자들은 인터넷과 연결된 안경이나 콘택트렌즈를 연구하고 있어요. 사용자는 눈을 깜박여서 작동시켜요.

인트라넷 Intranet

인트라넷(내부 전산망)은 일부 사람들만 보고 쓸 수 있는 작은 컴퓨터 정보망이에요. 여러분이 다니는 학교에도 학교를 잘 운영하도록 인트라넷이 있을 수 있어요.

업로드와 다운로드

파일을 보내고 있나요? 아니면 받고 있나요?

업로드 Upload
업로드하면, 파일이나 문서를 인터넷이나 더 큰 컴퓨터로 보냅니다.

다운로드 Download
다운로드하면, 인터넷이나 큰 컴퓨터에서 보낸 파일이나 문서를 받아요.

종종 컴퓨터가 다운로드하려고 기다리는 동안에 화면에 디스크가 회전해요. '운명의 도넛'이라고 부르는 사람도 있고, '기다리는 바퀴'라고 부르는 사람도 있어요. 여러분은 뭐라고 부를 건가요?

컴퓨터 코드와 스파이 코드

코드를 기발한 비밀 언어라고 생각해 봐요.

컴퓨터 코드 Computer code
컴퓨터 코드는 컴퓨터에 뭘 하라고 지시하는 명령어입니다. 컴퓨터 게임을 하면 명령어가 코드로 쓰여 있어요.

스파이 코드 Spy code
역사상 사람들은 암호로 통신하며 비밀을 지켜 왔어요. 말 대신에 문자나 숫자나 그림을 기호로 썼어요. 이를 암호화라고 해요.

모스 부호는 점과 선으로 나타내는 알파벳이야.

컴퓨터 이진법 코드는 두 기호인 0과 1만 사용해요. '와우'라는 감탄사는 이진법 코드로 이렇게 써요.

01110111 01101111 01110111

'와우'라는 감탄사는 모스 부호로 이렇게 써요.

·-- --- ·--

기억 장치와 저장 장치

둘 다 디지털 데이터에 관한 말이에요. 잠깐만요, 먼저 디지털 데이터가 뭘까요?

디지털 데이터는 컴퓨터에 저장된 정보입니다. 디지털 데이터는 이메일, 사진, 음악 파일 또는 영화일 수 있어요.

기억 장치가 너무 많아….

메모리 보드

저장 장치
Storage

저장 장치는 디지털 데이터가 영원히 저장되는 곳이에요. 흔히 저장 장치는 컴퓨터와 따로 분리된 장치에 있어요.

기억 장치
Computer memory

기억 장치는 디지털 데이터가 잠시 동안 저장되는 장소예요. 이는 일시적인 것으로, 보통 컴퓨터 내부에서 일어나요.

난 많은 디지털 데이터를 저장하지!

초와 젭토초

만일 여러분이 7살이 지났다면, 2억 2천만 초 이상 산 거예요!

초 Second

1분은 60초예요. 이 문장을 읽는 데 약 5초 걸려요. 1초는 눈 깜짝할 새에 지나가요. 올림픽 경기에서 어떤 선수는 1000분의 1초 차이로 경기에서 우승할 수 있어요.

젭토초
Zeptosecond

준비됐나요? 젭토초는 10억분의 1초예요. 과학자들은 최대로 정확하게 시간을 측정하려고 이 작은 단위를 써요.

1 젭토초 = 0.000 000 000 000 000 000 001 초

12시간제 시계와 24시간제 시계

12시간제 시계와 24시간제 시계는 다른 방식으로 시간을 보여 줘요.

하루가 24시간이라는 것을 잊지 말아요.

12시간제 시계
12-Hour clock
12시간제 시계는 12개의 숫자로 12시간을 보여 줘요. 바늘이 시계를 두 바퀴 돌아서 24시간을 만들거나 하루 동안의 낮과 밤을 만들어요.

오전 A.M. 12시간제 시계에서 정오 전의 시간은 아침이에요. 이를 오전이라고 해요.

오후 P.M. 정오 후의 시간은 오후 또는 저녁이에요. 이를 오후라고 해요.

오전 1시는 이른 아침이고, 오후 1시는 오후입니다.

12시간제와 24시간제 시계에서 하루 시간을 맞춰 보세요.

24시간제 시계
24-Hour clock
24시간제 시계는 하루를 24개의 숫자로 쓰며, 24시간을 하나씩 나타내요. 12시 정오가 지나면 13시가 되고, 그다음에 14시, 15시가 오며, 쭉 지나 23시가 되지요.

22:12

12시간제 시계	24시간제 시계
자정	0.00
오전 1시	1.00
오전 2시	2.00
오전 3시	3.00
오전 4시	4.00
오전 5시	5.00
오전 6시	6.00
오전 7시	7.00
오전 8시	8.00
오전 9시	9.00
오전 10시	10.00
오전 11시	11.00
12시 정오	12.00
오후 1시	13.00
오후 2시	14.00
오후 3시	15.00
오후 4시	16.00
오후 5시	17.00
오후 6시	18.00
오후 7시	19.00
오후 8시	20.00
오후 9시	21.00
오후 10시	22.00
오후 11시	23.00

아침 식사 시간

저녁

하루 중 가장 좋은 때야!

13.00 — 오후 시작

22.00 — 잘 자.

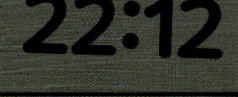

십억과 조
얼마나 클까요?

용돈을 잘 챙겨 둬요! 십억은 항상 10억이 아니라 어떤 나라에서는 1조예요! 너무 큰 숫자는 긴 척도와 짧은 척도라는 두 체계에서 다르게 불러요.

난 억만장자일까? 아니면 조만장자일까?

긴 척도			짧은 척도
여러 유럽 국가에서 사용함.			영국, 미국과 다른 나라에서 사용함.
백만	………	1,000,000	백만
		1,000,000,000	십억
십억	………	1,000,000,000,000	1조
1조	………	1,000,000,000,000,000	천조

십억 Billion
짧은 척도에서는 십억이 10억이고, 긴 척도에서는 1조예요.

조 Trillion
짧은 척도에서 1조는 0이 12개 있어요. 긴 척도에서 1조는 0이 18개 있어요.

세상에서 가장 큰 숫자는 뭘까요?
이름 있는 가장 큰 숫자는 '구골플렉스(10의 구골 제곱으로 1 뒤에 0이 구골(10^{100}) 개 있는 숫자)'입니다. 셀 수 없을 정도로 엄청나게 큰 숫자지요. 구골플렉스는 0이 너무 많아서 우주 공간이라도 숫자를 다 적을 수가 없어요. 그런데 구골플렉스가 가장 큰 숫자는 아니에요! 머릿속으로 구골플렉스를 생각한 다음에 1을 더해요. 새로 생긴 세상에서 가장 큰 숫자를 뭐라고 부를 건가요?

무한과 유한
마음을 열 준비가 되었나요?

무한 Infinite
무한은 영원히 계속되는 것을 말합니다. 끝을 상상할 수가 없어요.

유한 Finite
유한한 것은 영원히 계속되지 않아요. 결국 끝이 나지요.

뫼비우스의 띠는 무한대 고리예요. 영원히 계속되지요.

시작과 끝

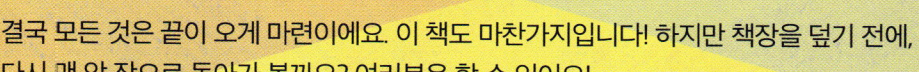
끝은 또 다른 시작이 될 수도 있어요.

결국 모든 것은 끝이 오게 마련이에요. 이 책도 마찬가지입니다! 하지만 책장을 덮기 전에, 다시 맨 앞 장으로 돌아가 볼까요? 여러분은 할 수 있어요!

끝

동물학자와 수의사(79쪽), 후루룩 소리 내기와 트림(80쪽), 네쌍둥이와 다섯쌍둥이(97쪽)의 차이를 기억하는지 확인해 보세요.

그들의 차이를 제대로 아는지 친구에게 문제를 내 보세요.

이 책에서 여러분이 가장 좋아하는 10가지 사실을 골라 보세요.

낱말 풀이

곤충 insect
무척추동물의 한 종류예요. 곤충은 몸이 세 부분으로 나뉘며, 외골격이라는 딱딱한 껍질도 있어요. 곤충은 다리가 여섯 개이고 더듬이가 있어요.

공기 air
지구를 둘러싼 보이지 않은 여러 기체입니다. 생명체는 생존하려면 공기가 필요해요. 인간은 공기로 숨을 쉬지요.

광물 mineral
지구는 수천 가지의 다양한 광물로 만들어졌어요. 구리, 은, 금, 다이아몬드, 소금은 모두 광물이에요.

궤도 orbit
한 물체가 다른 물체 주위를 도는 일정한 길이에요. 우주에서 달은 궤도를 따라 지구 주위를 돌아요.

근육 muscle
뼈가 움직이게 도와줘요. 음식이 내려가고, 심장이 뛰고, 눈으로 보도록 도와주는 근육을 포함해서 다른 근육도 있어요.

나침반 방위 point of the compass
네 방위는 동서남북이에요. 나침반은 현재 위치와 다른 곳으로 가는 방향을 찾도록 도와줍니다.

기체 gas
우리가 숨 쉬는 공기는 보이지 않는 기체로 이뤄졌어요. 산소는 기체입니다.

낙엽수 deciduous tree
가을에 잎이 떨어지는 나무들을 말해요. 참나무는 낙엽수예요.

대기 atmosphere
지구를 둘러쌓고 있는 두꺼운 기체층입니다. 대기는 지구가 적당한 온도로 유지하게 해 줘요.

먹이 prey
포식자라는 다른 동물이 사냥해서 잡아먹는 동물. 얼룩말은 포식자인 사자가 사냥하는 먹이예요.

무척추동물 invertebrate
척추가 없는 동물을 말해요. 곤충은 무척추동물이에요.

물질 matter
암석과 몸을 포함해 우리 주위를 둘러싼 모든 것이에요. 물질은 많은 원소로 이뤄졌어요.

분자 molecule
원소가 강력한 결합이나 연결로 뭉치면 분자가 만들어져요.

변온 동물 cold-blooded
주변 온도에 따라 더워지거나 추워지는 동물을 일컬어요. 뱀과 도마뱀은 변온 동물이에요.

산소 oxygen
기체. 공기에는 동식물이 살아가는 데 필요한 산소가 포함되어 있어요.

상록수 evergreen tree
일 년 내내 잎이 달린 나무예요. 전나무는 상록수입니다.

세포 cell
생명체를 이루는 가장 작은 단위입니다. 우리 몸은 수조 개의 세포로 이뤄졌어요.

양서류 amphibian
변온 동물의 한 종류로, 알을 낳고, 육지와 물속에 살아요. 개구리는 양서류예요.

어류 fish
물에 살며 알을 낳는 변온 동물들을 일컬어요. 어류는 몸에 지느러미, 비늘, 숨 쉬는 아가미가 있어요.

은하 galaxy
수십억 개의 별, 가스, 먼지가 모여서 중심 주위에서 휘몰아치는 거대한 천체 무리예요. 지구는 은하수라는 은하에 있어요.

원소 atom
물질의 기본 구성 요소입니다. 우리가 우주에서 보는 모든 것은 사람을 포함해서 원소로 되어 있어요.

유기체 organism
세포로 이뤄진 생명체를 말해요. 인간은 유기체입니다.

유전자 genes
부모한테서 물려받은 정보를 말해요. 머리카락 색깔은 유전자로 결정되지요.

육식 동물 carnivore
고기를 먹는 동물을 일컬어요. 사자는 육식 동물이에요.

위성 satellite
더 큰 물체 주위를 도는 물체를 말해요. 우주에서 인공위성이란 기계는 지구 주위를 돌면서 고향으로 다시 메시지를 보내요.

자석 magnet
다른 자석과 몇몇 금속을 자기 쪽으로 끌어당기는 금속이에요. 자기력은 자연의 강력한 힘이에요.

전기 electricity
에너지의 한 종류예요. 많은 기계는 전기로 전력을 공급 받아서 움직이며 작동해요.

적도 equator
지구 한가운데를 따라 쭉 이어진 가상의 선을 말해요.

조류 bird
날개, 깃털, 부리가 있는 항온 동물을 일컬어요. 조류는 알을 낳아요.

종 species
특별한 특징을 가진 동물의 무리를 일컬어요. 인간은 종이며 북극곰도 마찬가지예요.

중력 gravity
서로 끌어당기는 보이지 않는 강력한 힘이에요. 중력은 발을 땅으로 끌어당겨요.

초식 동물 herbivore
식물만 먹는 동물이에요. 코끼리는 초식 동물이에요.

태양계 solar system
태양과 그 주변을 도는 여러 행성들, 위성들, 소행성들, 혜성들 그리고 다른 천체들로 이루어진 체계를 뜻해요. 우주에 있는 지구의 이웃들은 태양계에 속해 있고, 지구는 태양을 공전하는 여덟 개의 행성 중 하나입니다. 우주에는 다른 행성계도 있어요.

통치 govern
사람들이 제도와 법에 따라 나라를 다스리거나 운영해요. 전 세계에는 다양한 정부가 있어요.

파충류 reptile
일반적으로 알을 낳는 변온 동물을 가리켜요. 육지에 사는 파충류도 있고, 물에 사는 파충류도 있으며, 두 군데서 다 사는 파충류도 있어요. 악어는 파충류예요.

포식자 predator
먹이로 삼는 다른 동물을 사냥해서 잡아먹는 동물을 뜻해요. 사자는 포식자예요. 사자는 먹이인 얼룩말을 사냥해요.

포유류 mammal
털이 있고 어미젖을 먹는 항온 동물을 말해요. 고양이는 포유류예요.

항온 동물 warm-blooded
스스로 체온을 유지하는 동물을 일컬어요. 인간은 항온 동물이에요.

해안 coast
바다가 육지와 만나는 곳을 말해요. 바닷가는 해안에 있어요.

행성 planet
우주에서 별 주위를 도는 거대한 물체를 뜻해요. 지구는 행성인데, 태양이라는 별 주위를 돌아요.

혈액 blood
산소와 영양분이란 좋은 물질을 몸 안의 모든 부분에 전달해서 제대로 돌아가게 도와 주는 액체입니다.

찾아보기

ㄱ

가라테 79
가솔린 29
가시 61
가시도마뱀 61
가시털 61
강 41
개구리 66, 67
개미핥기 74
거대 도시 33
거름 50
거미원숭이 63
견과 52
결승선 106
겹눈 61
겹잎 53
경도 31
경첩 관절 88
계곡 38
고고학자 95
고대사 94
고래상어 68, 69
고릴라 62
고산 기후 45
고생물학자 37
고속 열차 29
고슴도치 61
고적운 48
고체 27
곤충 108
곤충학자 79
공간 9
공기 26, 108
공룡 화석 37
공상 과학(SF) 26
과수원 43
광물 108
구근 52
구름 48

구상 관절 88
국가 32
권운 48
궤도 108
그롤러 35
그린아나콘다 76
근육 89, 108
기상 예보관 48
기억 장치 104
기원전 94
기체 27, 108
기후 45
길이 27

ㄴ

나노미터 100
나노봇 100
나방 74
나침반 방위 108
낙엽수 42, 53, 108
난층운 48
날씨 45
남극 34
남극점 34
남반구 31
너비 27

너트 26
논픽션 97
높이 27
뇌우 46
눈 49

ㄷ

다운로드 103
닥스훈트 26
달 12
달무리 96
대구치 87
대기 8, 108
대도시 33
대륙 32
대양 40
대장 92
대통령 78
대포 95
더블 베이스 78
데카슬론 78
도롱뇽 77
도마뱀 77
도시 32
독수리 76
돌고래 76
동공 84
동맥 90
동물학자 79
돛단배 28
두꺼비 67
뒤영벌 72
디엔에이(DNA) 27
디젤 29
땀벌 73

ㄹ

라마 77

로봇 99
라플레시아 53

ㅁ

마그마 39
마을 33
마이크로로봇 100
말벌 73
망원경 23
매 76
맨틀 36
맹그로브 숲 43
먹이 58, 108
메트로 29
멸종 55
멸종 위기 55
모세 혈관 90
모스 부호 103
모터코트 28
무척추동물 56, 108
무한 106
물질 24, 108
미식축구 78
미어캣 75
밀크초콜릿 80

ㅂ

바깥귀 85
바다 40
바닷가재 74
바람 47
바이러스 93
바이오 연료 51
박물학자 78
박테리아 93
발 60
발톱 60
백혈구 91
버스 29
버슬 95

번개 46
벌 72
벌레잡이풀 53
범고래 68, 69
변온 동물 56, 108
별 11, 15
병원 93
보건소 93
볼트 26
북극 34
북극점 34
북반구 31
분자 27, 108
브런치 81
블랙홀 17
블러썸 52
블루머 94
비구름 48
비단뱀 76
비행선 29
빙산 35
빙산 조각 35
빙하 35
뼈 88

ㅅ
사막 44
사바나 44
사화산 39
산 38
산림 전용 51
산성비 51
산소 26, 108
산토끼 76
산호 53
상록수 42, 53, 108
새벽 10
생물학 26
서기 94
서브웨이 29
선사 시대 94
설인 96
설타나 80
성운 15
세계 7

세계 개구리의 날 67
세기 94
세발자전거 28
세포 27, 108
센티미터 26
셔벗 80
소구치 87
소도시 33
소장 92
소프트웨어 101
소행성 18
소화관 92
속귀 85
송곳니 87
쇠돌고래 76
수도 32
수상 78
수의사 79
수정체 84
스마트 안경 102
스파이 코드 103
스포크 81
식물학 26
신체 82
심장 90
십억 106
썰매 28
쓰레기 50

ㅇ
아르마딜로 74
안경원숭이 61
알파카 77
암석 37
암흑 물질 24
암흑 에너지 24

앞니 87
액체 27
앨리게이터 64
양서류 108
어류 108
어원학자 79
언덕 38
업로드 103
에뮤 74
엑스선 93
여제 95
열기구 29
열대 우림 43
예티 96
오대양 40
오염 50
오징어 75
온대 기후 45
온대림 42
외계 행성 14
외발자전거 28
용암 39
우뇌 97
우주 6, 9, 25
우주 로켓 20
우주 암석 19
우주 왕복선 20
우주선 20
운석 19
원소 108
원숭이 63
원자 27
월식 13
웜홀 17
위 92
위도 31
위성 7, 12, 108
유기체 27, 108
유니콘 96

유도 79
유물 95
유성 19
유성체 19
유인원 62
유전자 27, 108
유한 106
육식 동물 59, 108
은하 16, 108
은하수 16
이륙 21
인간 99
인공 지능(AI) 26
인공위성 22
인대 89
인치 26
인터넷 102
인트라넷 102
일몰 10
일식 13
일출 10

ㅈ
자기 부상 열차 29
자석 108
자연주의자 78
잠자리 61
잡목림 43
잡식 동물 59
장수말벌 73

재사용 50
재생 가능 51
재활용 50
저장 장치 104
적도 108
적란운 48
적설 49
적운 48
적혈구 91
전기 108
전기 기타 79
전기 자동차 29
전차 29
점성술사 78
정맥 90
제트기 28
젭토초 104
조류 108
종 108
좌뇌 97
주둥이 60
중력 108
쥐라기 95
지각 36
지질학자 37
진눈깨비 49
집도마뱀붙이 56
짖는원숭이 63

ㅊ
착륙 21
채식주의자 80
척추동물 56
천둥 46
천문대 25
천문학자 78
철도 28
초식 동물 59, 108
초신성 15
초원 44
초음파 93
친환경 50

ㅋ
카르만 선 8
카운트다운 21

카이만 65
칼 폰 린네 57
커런트 80
컴퓨터 코드 103
케이블카 28
코 60, 86
코골이 86
콧구멍 86
크로커다일 64
크리놀린 95

ㅌ
탐사선 22
태양 11
태양계 7, 12, 14, 108
태양열 51
터보건 28
토네이도 47
통치 108
퇴비 50
투석기 95
툰드라 44
튜브 29
트라이아스기 95
트라이애슬론 78
트림 80
티아라 94

ㅍ
파리지옥풀 53
파충류 108
파쿠 77
팔꿈치 89
페가수스 96
페플 49
포식 동물 58
포식자 58, 108
포유류 57, 108
푸른바다거북 55
풍력 51
프랑켄버거 80
프레리도그 75
프로펠러 비행기 28
플라네타륨 25
피라냐 77
피오르 35

ㅎ
하늘 8
하드 디스크 101
하드웨어 101
한 대 기후 45
한 대림 42
항생제 93
항온 동물 56, 108
항체 93
해안 108
핵 36
핸들 콧수염 96
행성 7, 14, 108
허리케인 47
현미경 23
혈소판 91
혈액 108
협곡 38
혜성 18
호수 41
홍채 84
홍학 70, 71
홑잎 53
화석 37

화석 연료 51
화이트아웃 49
화이트초콜릿 80
환경 50
활화산 39
황새 71
황혼 10
후추 81
휴화산 39
힘줄 89

기타
12시간제 시계 105
24시간제 시계 105

안녕! 또 만나!